Die wahre Griechenland Lüge

EIN STEUERFLÜCHTLING PACKT AUS

Roman von Matthias Braunmar

Von Swaps bis zum Grexit. Wie man in Griechenland ohne Steuern zu zahlen gut leben kann. Warum Griechenland den Euro damals unbedingt haben wollte. Warum es nie eine Griechenlandrettung gab. Warum die Griechen den Euro (nicht mehr) brauchen. Warum retten wir eigentlich? Wollen die Griechen von uns gerettet werden? Das Helfer-Syndrom.

Matthias Braunmar

INHALT

Matthias Braunmar

Über dieses Buch

Während sich in Deutschland der Widerstand gegen den Euro erst langsam in der Politik formiert, sind in Griechenland die Würfel längst gefallen. Zuerst waren es die reichen Griechen, die ihr Geld ins Ausland gebracht haben und die sich in ihre Villenetagen in London und Paris zurückgezogen haben.

Dann folgte der griechische Mittelstand, der seine »griechischen« Euros ins Ausland schaffte. Jetzt investierten Griechen nicht mehr nur in immobilen Superluxus, sondern auch in gute Citylagen beispielsweise in Berlin, München oder Hamburg.

Mittlerweile sind Anlagekonten bei griechischen Banken fast vollständig abgeräumt.

Aber nicht nur mit dem Euro, sondern auch mit ihren Füßen haben die Griechen bereits über die Zukunft der Gemeinschaftswährung abgestimmt.

Es waren wieder zuerst die Reichen, die ihre griechische Heimat nur noch als Touristen besuchten. Dann folgten die jungen und gut ausgebildeten Griechen, die der Arbeitslosigkeit und den fehlenden Perspektiven durch Auswanderung entkommen wollten.

Der aktuelle Trend ist die Einwanderung von verzweifelten Griechen in die Sozialsysteme der Geberländer der Eurozone.

Was diese Menschen zurücklassen ist ein Land in wirtschaftlichem Niedergang und mit einer öffentlichen Verwaltung im Rückwärtsgang. Für alles machen die Menschen die Politiker der Geberländer und die europäischen Bürokraten verantwortlich. Mehrheitlich stehen die Griechen schon längst nicht mehr hinter den Forderungen und Vorgaben von EZB, IWF und Europäischer Union.

Es ist wirklich nur noch eine Frage der Zeit bis die griechische Bevölkerung »NEIN« sagen wird. Was passiert eigentlich dann?

Die Frage ist daher nicht, ob wir in Deutschland den Euro wollen oder nicht. Die Frage lautet vielmehr, wie gelingt es einen geordneten Ausstieg zu organisieren.

Matthias Braunmar

Die Gewinner der Krise

»Die Geschichte der Griechenlandkrise ist
eine Geschichte von Betrug und Selbstbetrug.«

Natürlich gibt es in der Griechenlandkrise nicht nur Verlierer. Während der deutsche Steuerzahler viele Milliarden Euro aufbringen muss und die griechische Bevölkerung unter Arbeitslosigkeit und Unsicherheit leidet, gibt es auch echte Gewinner der Krise.

Lassen Sie sich die Griechenlandkrise von jemand erklären, der von ihr jahrelang profitiert hat. Hier kommt ein waschechter Steuerbetrüger zu Wort.

Er wird Ihnen erklären, wie einfach Steuerbetrug in Griechenland war und ist. Hier spricht mal kein Politiker oder Wirtschaftsfachmann. Hier spricht einer, der weiß wie es in Griechenland funktioniert.

Hier wird Ihnen das griechische System anhand von eigenen Erfahrungen und vielen Erlebnissen erzählt. Aber auch die harten Fakten kommen nicht zu kurz. Alle Daten und Zahlen zu den Kosten der »Griechenlandrettung« und der griechischen Wirtschaft sind knallhart recherchiert.

Wenn die Euro-Währungshüter oder die Mitglieder der Troika dieses Buch gelesen hätten, dann wären uns viel Ärger und mehrere Milliarden Euro erspart geblieben.

Stürzen Sie sich also hinein in eine Welt aus Korruption, Betrug, Täuschung und Fälschung. Sehe Sie das alles einmal mit den Augen eines Steuerbetrügers, der dieses System für sich arbeiten ließ.

Und bedenken Sie bitte: Der Albtraum ist noch nicht zu Ende. Noch stecken wir mittendrin!

In diesem Buch erfahren Sie kuriose Dinge. Dinge, die man kaum für möglich hält.

Wussten Sie, dass der griechische Ministerpräsident, der Griechenland in den Euro gemogelt hat Pensionsansprüche aus Deutschland hat?

Wussten Sie, dass das griechische Verteidigungsministerium die Lizenzen für die Eröffnung von Kiosken verteilt?

Wussten Sie, dass Sie es als Eigentümer eines LKW in Griechenland ganz legal zu echtem Reichtum bringen können?

Kennen Sie eigentlich den Unterschied zwischen einem Schmiergeld und einem »kleinen« Umschlag?

Wissen Sie, wie viele Milliarden Euro, Deutschland bisher für Griechenland locker gemacht hat?

Wissen Sie, wohin diese Milliarden geflossen sind?

Wo sind die Menschen eigentlich reicher? In Deutschland oder vielleicht doch in Griechenland?

Dieses Buch erklärt bis ins Detail, wie Steuerhinterziehung und das Waschen von Schwarzgeld in Griechenland funktioniert haben. Es wird erklärt, warum der griechische Staat beides sogar noch fördert und wir das alles letztlich finanzieren.

Ist das wirklich alles alternativlos?

Eine Mehrheit in der Bevölkerung steht schon lange nicht mehr hinter den deutschen Rettungsmaßnahmen für Griechenland. Das gilt übrigens nicht nur für die deutsche Bevölkerung, sondern auch für die Menschen in Griechenland. Das hat seine Gründe.

Weder in Deutschland noch in Griechenland wird den Menschen nachvollziehbar erläutert, wofür die Rettungsmilliarden benötigte werden und wohin das Geld fließt.

Wenn es um Art und Höhe der deutschen Hilfe für das hochverschuldete Griechenland geht, erhält man zudem widersprüchliche Angaben von Politikern und Fachleuten. Viele weichen aus, andere meinen die Angelegenheit groß oder klein reden zu müssen.

Da gibt es die, die meinen alles verharmlosen zu müssen, um sich so als besonders gute Europäer darzustellen. Das sind die Musterknaben. Dahinter steckt aber nicht immer Idealismus. Gerade bei den Politikern in Straßburg und den Bürokraten in Brüssel hat das auch viel mit Ideologie, Karrierismus und verordneten Denkverboten zu tun.

Es gibt aber auch die, die dramatisieren und meinen in diesem Zusammenhang, den Untergang des Abendlandes beschwören zu müssen. Dabei hängt das Schicksal Europas und seiner Bewohner nicht am Euro. Vielleicht ist sogar das Gegenteil der Fall. Vielleicht funktioniert ein Europa ohne Euro viel besser!

Damit Sie wissen, wo Sie mich einzuordnen haben, werde ich Ihnen vorab meine persönliche Meinung offenlegen:

Ich halte den Euro in seiner jetzigen Konstruktion für fehlerhaft und bereits gescheitert. Ich denke die zahlreichen strukturellen Mängel lassen sich längst nicht mehr dadurch beheben, dass man sie mit vielen Milliarden Euro zukleistert. Ich weiß, dass das hart und kompromisslos klingt. Bezogen auf den Euro mag das auch so sein. Für mich ist die Zukunft der Europäischen Union aber so bedeutsam, dass ich nicht bereit bin, diese Zukunft an das Schicksal einer kränkelnden Währung zu koppeln.

Ich habe von 2002 bis 2012 in Griechenland meinen ersten Wohnsitz gehabt. Ich habe erlebt, was es bedeutet, wenn man so unterschiedliche Volkswirtschaften, wie die Griechenlands und die Deutschlands in eine gemeinsame Währung zwingt. Man hätte sich die Übersetzung der Maastricht-Kriterien in das Griechische bereits ersparen können. Diese Kriterien hatten hier zu keinem Zeitpunkt irgendeine Bedeutung und werden auch niemals in Griechenland eine Bedeutung haben.

Lassen Sie sich von mir aus erster Hand erzählen, wie es wirklich in Griechenland aussieht und was sich dort in den letzten 15 Jahren abgespielt hat. Hier bekommen Sie einen authentischen Bericht.

Für mich ist die Widereinführung der D-Mark schon längst eine planbare Option. Ich habe auch keine Angst vor einem »Grexit«. Ich bin sogar überzeugt, dass die Drachme für Griechenland geradezu die Rettung aus der wirtschaftlichen Misere wäre.

In diesem Buch betrachten wir den Zeitraum von 1998 -2013. Ich habe neben meinen persönlichen Erfahrungen, Zahlenmaterial aus unterschiedlichen Quellen einfließen lassen. Die Qualität des verwendeten Zahlenmaterials habe ich gewissenhaft auf Validität prüfen lassen. Das ist gerade im Fall von Griechenland wichtig.

Für dieses Buch gilt:

Die vorgetragenen Fakten stammen aus sicheren Quellen und wurden fachkundig validiert. Die Geschichte beruht auf wahren Gegebenheiten. Namen und Orte wurden geändert, soweit es sich nicht um Personen handelt, die in der Öffentlichkeit stehen.

Ich verspreche Ihnen einen spannenden Roman und kein trockenes Fachbuch!

Alle Macht geht vom Volk aus

Stellen Sie Sich eine Europäische Union vor, in der wichtige Entscheidungen von der Bevölkerung direkt getroffen werden. Stellen Sie sich vor, es würde Volksabstimmungen über den Beitritt neuer Staaten in die Gemeinschaft, über den Euro und über jedes einzelne »Rettungsprogramm« geben. Vieles würde anders aussehen. Vieles wäre uns erspart geblieben. Vieles wäre besser geregelt. Viele Menschen könnten sich viel mehr mit diesem Europa identifizieren. Brüssel läge dann nicht mehr auf einem anderen Stern, sondern mitten in Europa.

Bin ich schon antieuropäisch, weil ich das so sehe? Ist es Euroskepsis, wenn ich nicht alle Entscheidungen den Bürokraten in Brüssel überlassen möchte? Ist es nicht verständlich, dass ich das Schicksal unseres Landes nicht Politikern überlassen möchte, die ich nicht wählen konnte?

Ich bin Befürworter des europäischen Gedankens. Ich wünsche mir aber Politiker, die keine Angst vor der Meinung ihres Volkes haben.

Darum habe ich an die Politiker in Deutschland und der Europäischen Union auch eine konkrete Forderung: »Fragen Sie die Bevölkerung!« Ich wünsche mir Volksabstimmungen zu allen wichtigen Entscheidungen der Europäischen Union. Nicht mehr und nicht weniger!

Ich bin fest davon überzeugt, dass das die Strukturreform wäre, die die Europäische Union jetzt dringend bräuchte. Für mich sind Volksabstimmung zu wichtigen europäischen Thema der Schlüssel zu einem »Europa der Bürger. Volksabstimmungen und aktive Beteiligung der Bürger, anstatt hoch alimentierte Bürokratie in Brüssel wären eine grundlegende Demokratisierung der Europäischen Union. Diskussionen, die facettenreich in der Öffentlichkeit geführt werden, würden dann übereilte Entscheidungen und Fraktionszwang ersetzen.

Ich bestehe so vehement auf diese Forderung, nicht weil ich denke, dass durch Volksabstimmungen viele Dinge schlicht verhindert werden. Ich denke mir, das wird in der Regel nicht passieren. Vielmehr werden Volksabstimmungen unsere gewählten Volksvertreter dazu bewegen, uns die Dinge besser und genauer zu erläutern. Es wird das passieren, was gerade bei den Rettungspaketen für Griechenland nicht passiert ist. Die Politiker werden sich Mühe geben müssen, für ihre Pläne bei uns zu werben und uns diese Pläne viel genauer erläutern. Ich denke, dann ist auch Schluss mit der Alternativlosigkeit und den völlig übereilten Beschlüssen.

Eines haben mir meine Erfahrungen in Griechenland gezeigt: Es gibt zu allem eine Alternative.

Einfach mal mit den Menschen sprechen

Ich habe auch einen Rat für alle Politiker und Beamten der Europäischen Union. Bevor Sie über Spar-, Sanierungs- oder Strukturförderungsprogramme beschließen, schauen Sie sich die betroffenen Regionen genau an. Fahren Sie einfach ein paar Wochen dorthin und sprechen Sie mit den Menschen. Machen Sie sich ein Bild von der Lebensrealität außerhalb der Regierungsviertel in den Hauptstädten. Besuchen Sie Peripteros, Kafenia und Tavernen. Meiden Sie offizielle Empfänge und Staatsbankett

Wenn die Mitglieder der Troika einige Wochen in den kleinen Städten und Dörfern Nordgriechenlands verbracht hätten, dann wäre die sogenannte Griechenlandrettung ganz anders verlaufen. Wenn das die EU-Beamten damals getan hätten, als es darum ging, die Aufnahmekriterien für einen Beitritt Griechenlands zur Eurozone zu prüfen, dann würde es heute den Euro in Griechenland nicht geben.

Für beide Fälle gilt, es wäre besser gewesen, sich Vorort ein Bild zu machen, als professionell präsentierten, aber gefälschten Zahlen zu glauben. Es wäre besser gewesen, mit den normalen Menschen zu sprechen, als immer nur mit Politikern und hohen Verwaltungsbeamten in Athen.

Uns allen, auch der griechischen Bevölkerung, wäre dann ein Albtraum und viele Milliarden Euro erspart geblieben.

Der Albtraum kam aber nicht plötzlich und unvorhersehbar. Die Defizite tauchten nicht über Nacht auf. Es gibt eine Vorgeschichte. Die Ursachen finden wir im Zeitraum von 1996-2004. Die wahren Gründe liegen zudem in einem griechischen System aus alltäglicher Korruption und engmaschig vernetztem Nepotismus. Schon seit Jahrzehnten behandelt eine korrupte Elite, dieses Land wie ihren Privatbesitz und plündert es aus. Die Ursachen liegen aber auch in der Risikofreudigkeit und Gier vieler Banken und Anleger, auch in Deutschland.

Da stelle ich mir folgende Frage:

Warum »retten« wir eigentlich und warum wollen die meisten Menschen in Griechenland gar nicht »gerettet« werden? Oder auch anders gefragt: Wen retten wir eigentlich?

Periptero

» Der Periptero ist eine der nützlichsten Erfindungen
der Griechen im 20. Jahrhundert.«

Ohne einen Periptero in der Nähe wäre für mich das Leben in Griechenland viel komplizierter gewesen. Man findet sie überall in den Städten und
kleineren Ortschaften. Selbst in dem Dorf, indem ich meine Wohnung hatte, gab es in zentraler Lage einen Periptero. Dass diese kleinen Kioske etwas
mit der griechischen Finanzkriese zu tun haben, wurde mir aber erst später
klar.

Selbst diese kleinen Kioske werden seit Jahrzehnten in Griechenland
staatlich bis ins Detail reglementiert. So gibt es Vorschriften über die Be-
schaffenheit und bauliche Ausgestaltung eines Periptero. Außerdem braucht
man eine Lizenz, um einen dieser Kioske betreiben zu dürfen.

Die Lizenz für den Betrieb eines Periptero wird von der Präfektur (vergleichbar mit Landkreisen in Deutschland) erteilt. Aufsichtsführende Behörde für die Vergabe von Lizenzen ist das griechische Verteidigungsministerium, das jeden Antrag prüft. Dazu muss man wissen, dass die Anzahl der
Kioske in Griechenland gesetzlich limitiert ist. Außerdem gibt es Kriterien,
die für die Erteilung von Lizenzen relevant sind und vom Verteidigungsministerium festgelegt werden. Es haben überhaupt nur zwei Gruppen von
Bewerbern eine Chance eine Lizenz für die Eröffnung eines Kiosk zu bekommen:

Gruppe I
Kriegsversehrte, Kriegsopfer, Kriegerwitwen und deren unverheiratete
Töchter, sowie behinderte oder kinderreiche Bedürftige haben einen An-
spruch auf bevorzugte Erteilung einer Lizenz.

Gruppe II
Jeder, der die nötigen Kontakte hat oder das erforderliche Schmiergeld
(griechisch: ρουσφέτι Rousfeti) zahlt, erhält eine derartige Lizenz. Bei be-
gehrten Standorten empfiehlt sich der kleine Briefumschlag (griechisch:
φακελάκι Fakelaki).

Eigentlich muss der Inhaber einer Kiosk-Lizenz seinen Periptero selbst
betreiben. Das ist aber nicht immer der Fall. Viele Lizenzinhaber verpach-
ten ihren Periptero oder beschäftigen Angestellte.

Natürlich ist auch der Geschäftsbetrieb eines Periptero bis ins Detail gesetzlich geregelt und natürlich wissen die griechischen Betreiber, diese gesetzlichen Bestimmungen kreativ auszulegen. Eigentlich darf die Grundfläche eines Periptero nicht größer sein, als 1,3 Meter × 1,5 Meter. Die Markisen dürfen maximal einen Meter überstehen. Tatsächlich gehen die Betreiber sehr einfallsreich mit diesen baulichen Beschränkungen um. Achten Sie bei Ihrem nächsten Urlaub in Griechenland einfach mal auf diese Kioske.

Für mich war »mein« Periptero meine wichtigste Einkaufsquelle in Griechenland. Dort bekam ich so ziemlich alles, was ich für den Alltag benötigte. Es gibt Zeitungen (sogar einige deutsche Titel waren vorrätig), gekühlte Getränke aller Art, Snacks, Schreibkram, Kopfschmerztabletten und viele andere nützliche Dinge. Wenn man genau hinschaut und die Preise mit denen in Deutschland vergleicht, dann stellt man fest, dass die Preise teilweise sehr hoch sind. Außerdem stammt fast das gesamte Sortiment aus importierten Produkten.

Natürlich gibt es auch Zigaretten, Tabak und Zigarren zu kaufen und weil in dem Dorf, in dem ich lebte, scheinbar alle Männer Raucher waren, war der Periptero auch ein beliebter Treffpunkt.

Rund um das kleine Geschäft standen Bänke und dort saß man, rauchte und unterhielt sich. Das wäre auch für die Damen und Herren der Troika der richtige Ort gewesen, um zu hören, was der »kleine Mann« sagt.

Es ist übrigens fast egal, wann Sie zu einem Periptero gehen. Obwohl das bestimmt auch gesetzlich geregelt ist, hatte zumindest »mein« Periptero bis tief in die Nacht geöffnet.

So betrachtet kann man bereits an einem griechischen Kiosk einiges über das Wirtschaftssystem lernen. Irgendwie kann man sich das gesamte griechische Wirtschaftssystem wie einen sehr großen Periptero vorstellen.

Arithmos Forologikou Mitroou

Ich würde Ihnen gerne zu Beginn schreiben, dass ich mir das alles nur ausgedacht habe. Leider ist das aber nicht der Fall. Es handelt sich um eine Geschichte, die auf tatsächlichen Ereignissen beruht. Nur die Namen und Orte wurden geändert.

Mein Name ist Matthias Braunmar. Ich hatte von 2002-2012 meinen ersten Wohnsitz in Griechenland. Dort war ich stolzer Inhaber einer AFM. (Abkürzung von: Arithmos Forologikou Mitroou, vergleichbar mit der persönlichen Identifikationsnummer nach §139b der Abgabenordnung in Deutschland.)

Diese AFM war für ein knappes Jahrzehnt meine ganz persönliche Steueroase. Sie war für mich die Eintrittskarte in ein System aus Steuerhinterziehung und alltäglicher Korruption. Für mein Vermögen war sie der Freifahrschein in die Steuerfreiheit

Da der Begriff etwas sperrig ist, werde ich meine Arithmos Forologikou Mitroou im Weiteren einfach Steuernummer nennen.

Viele Griechen sind nicht unbedingt glücklich mit ihrer Steuernummer, obwohl die meisten mit ihr kreativ umzugehen wissen. Für Ausländer, die in Griechenland ihren ersten Wohnsitz haben, kann diese Steuernummer sehr viel wert sein.

Trotzdem hat die Steuererhebung in Griechenland immer auch etwas Exotisches und vor allem etwas Willkürliches an sich.

Am 16. April 2012 habe ich meinen ersten Wohnsitz in Griechenland aufgegeben. Ich habe mich dort ordnungsgemäß abgemeldet und bin aus Griechenland ausgereist, ohne dort Verbindlichkeiten zu hinterlassen. Seitdem habe ich meinen ersten Wohnsitz wieder in Deutschland und zahle hier auch meine Steuern.

Wie es dazu kam, wie mein Steuersparmodell funktionierte, was ich in Griechenland erlebt habe und vor allem was das mit der griechischen Finanzkrise zu tun hat, werde ich Ihnen in den folgenden Kapiteln detailliert berichten.

Ich möchte aber mit einer kleinen Geschichte anfangen, die sich im Juni 2010 zugetragen hat. Ich habe diese Geschichte an den Anfang gestellt, weil sie bereits einiges über das Wesen und die Ursachen der griechischen Finanzkrise aussagt. Ich versichere Ihnen, dass sich diese Geschichte exakt so zugetragen hat. Wie immer in diesem Buch habe ich lediglich die Orte und Namen verändert. Die Daten und Zahlenangaben entsprechen der Realität.

Ich hielt mich im Jahr 2010 nur wenige Wochen in Griechenland auf, obwohl ich dort meinen ersten Wohnsitz und auch eine kleine eigene Wohnung hatte. Wie bei vielen Griechen war diese Wohnung auch der Geschäftssitz meines angemeldeten Gewerbes. Dazu sollten Sie wissen, dass Griechenland das Land der »kleinen Unternehmen« ist. Leider schaffen diese vielen kleinen Unternehmen weder Arbeitsplätze noch Wirtschaftskraft und schon gar keinen Innovationsschub. Bei den allermeisten dieser Unternehmen handelt es sich vielmehr um reine Steuersparmodelle. Das war auch der Grund für mich ein derartiges »Unternehmen« zu gründen. Geraten hatte mir dazu mein griechischer Steuerberater. Ich weiß noch nicht einmal ganz genau, was er damals als Geschäftszweck für dieses »Unternehmen« beim Finanzamt angegeben hatte.

In Sachen Kleinstfirmen und selbständige Tätigkeiten ist Griechenland übrigens Europameister. Auf zwei angestellte Arbeitnehmer kommt in Griechenland ein Selbständiger in zumeist Ein- oder Zweimannunternehmen.

Obwohl ich jedes Jahr nur wenige Wochen dort war, war ich bereits gut vernetzt und verfügte über einige sehr gute Kontakte und sogar einige griechische Freunde. Gute Kontakte zu haben ist in Griechenland mehr als wichtig. Die meisten Dinge funktionieren überhaupt nur, wenn du Kontakte, Freunde, Familie und Bargeld hast.

Ich hatte diese Kontakte bereits in Deutschland geknüpft. Schon dort hatte ich einige griechische Bekannte, die für mich die notwendigen Beziehungen in Griechenland herstellten. So kam ich nicht nur zu meiner Wohnung und meinem Steuerberater, sondern auch zu einem Hausarzt und allen anderen Dienstleistungen, die mir nützlich waren.

Auf Empfehlung meines Steuerberaters erhielt ich an diesem Tag Besuch von einem örtlichen Makler. Da er, wie viele Griechen, gut Englisch sprach, gab es auch keinerlei Kommunikationsprobleme. Ich spreche nämlich so gut wie kein Griechisch.

Ich hatte meinem Steuerberater zwar schon einige Male gesagt, dass ich keinerlei Interesse an dem Kauf einer Immobilie hätte und er mir doch bitte derartige Offerten vom Hals halten solle. Trotzdem hatte ich mich auf diesen Termin eingelassen, weil es ein ganz besonders gutes Angebot sein sollte. Zähneknirschend hatte ich zugesagt. Der Makler war ein Vetter meines Steuerberaters und so sagte ich diesem Termin nur zu, um ihm einen Gefallen zu tun.

Mein Steuerberater hatte Dutzende von Vettern, Cousins, Brüdern und Neffen.

Der Makler kam dann auch pünktlich am frühen Nachmittag. Er fuhr einen neuen dunkelblauen BMW und trug einen schwarzen Anzug mit weißem Hemd ohne Krawatte. Und das bei über 30 Grad und strahlender Sonne.

Das Null-Euro-Haus

»Die Menschen in europäischen Krisenländern sind wohlhabender als die Bürger in Deutschland. Das mittlere Vermögen deutscher Haushalte beträgt rund 51.400 Euro netto und liegt weit unter dem in Griechenland (101.800 Euro), Spanien (182.500 Euro) oder Zypern (266.200 Euro).«
Quelle: Studie der Europäischen Zentralbank (2012) Erhebungszeitraum 2008-2011
Die Angaben berücksichtigen noch nicht einmal das Vermögen aus der »Schattenwirtschaft«. Dieser Anteil wird auf 25 Prozent geschätzt.

Wie die meisten griechischen Geschäftsleute war der Makler sehr freundlich und machte zudem einen gebildeten Eindruck. Wir sprachen zuerst über Deutschland. Er kannte sich in Deutschland ein wenig aus, weil er dort Verwandte hatte. (In Griechenland hatte ich damals den Eindruck, dass praktisch jeder Grieche Verwandte in den USA, Australien, GB und Westeuropa hat.).

Natürlich wollte mich der Makler auch gleich in seinen Wagen verfrachten, mit mir Essen gehen und dann das Grundstück besichtigen.

So weit habe ich es aber nicht kommen lassen. Wir blieben daher auf der schattigen Terrasse hinter dem Haus, in dem sich meine kleine Wohnung befand. Ich wusste bereits zu diesem Zeitpunkt, dass ich mit Sicherheit bei ihm keine Immobilie kaufen würde und wollte mir Zeit und ihm Kosten ersparen.

Er kam dann auch schnell zur Sache und packte einige Prospekte aus. Er eröffnete das Gespräch mit ungefähr folgenden Worten:

»Ich möchte Ihnen ein herrliches Haus zeigen und ich verspreche Ihnen, Sie können es kaufen, ohne einen einzigen Cent zu bezahlen. Ich zeige Ihnen, wie der griechische Staat Ihnen dieses Haus bezahlt, wie er Ihnen dieses Haus praktisch schenkt. Und an diesem Angebot ist garantiert kein Haken.«

Das Angebot klang interessant, machte mich aber nicht gierig und interessierte mich eigentlich immer noch nicht. Ich bin auch nicht unbedingt jemand, der gleich auf so ein Lockangebot anspringt. Es ist auch eine in Deutschland nicht ganz unbekannte Masche, dass Immobilienverkäufer Immobilien überteuert anbieten. Gelockt werden die Kunden dann mit Steuervorteilen und zukünftigen Wertsteigerungen.

Ich kenne einige in Deutschland, die haben mit solchen Geschäften in den neuen Bundesländern viel Geld verloren.

In diesem Gespräch ging es dann aber nicht um Steuervorteile. Der Makler stellte mir zuerst das Haus vor. Es handelte sich um einen Neubau mit einer Wohnfläche von knapp 80 Quadratmeter. Es war ein freistehendes Einfamilienhaus mit Terrasse und Garten. Die Grundstücksfläche betrug 150 Quadratmeter. Es lag in einer kleinen Ortschaft 50 km nördlich von Thessaloniki. Es hatte drei Zimmer sowie eine offene Küche, Bad und WC. Außerdem gab es einen Kamin und eine Infrarotheizung. Von außen sah es aus wie ein typischer, griechischer Neubau. Der Eingangsbereich hatte sogar Säulen. Kosten sollte dieses Objekt 110.000 Euro. Dafür sollte ich es auch provisionsfrei erhalten.

Dass dieser Preis viel zu hoch und alles andere als ein günstiges Angebot war, erkannte selbst ich sofort. Das sagte ich auch so ganz offen dem Makler.

Matthias Braunmar:

»Ohne das Haus gesehen zu haben, schätze ich den fairen Kaufpreis auf nicht einmal 80.000 Euro.«

Der Makler widersprach dem noch nicht einmal. Er sagte aber, dass er mit seinem Angebot noch gar nicht fertig sei. Das »Beste« sollte erst noch kommen. Das »Beste« war für ihn die 15 KW-Photovoltaik-Anlage auf dem Dach. Die machte das Haus zwar weder interessanter noch ansehnlicher, sollte aber der Schlüssel für die Finanzierung sein.

Makler:

»Im Kaufpreis enthalten ist diese Anlage einschließlich dem Spannungswandler und der Übergabestation an das öffentliche Stromnetz. Für jede erzeugte Kilowattstunde zahlt Ihnen der griechische Staat, beziehungsweise der örtliche Energieversorger 45 Cent. Sie erhalten diesen Preis und eine Abnahmegarantie für 20 Jahre. Bei der Anzahl der Sonnenstunden, ergibt das einen durchschnittlichen Ertrag von 11.400 Euro im Jahr. Für die Anlage bekommen Sie eine Komplettgarantie über zehn Jahre. Allein aus den Erträgen der Anlage erhalten Sie den kompletten Kaufpreis innerhalb von zehn Jahren zurück. Die Abnahmegarantie erhalten Sie aber für 20 Jahre. Rechnen Sie das mal zusammen. Das ist mehr als geschenkt. Sie können mit diesen Einnahmen fest planen. Der griechische Staat gibt Ihnen eine Abnahmegarantie zu einem festen Preis. Und das für die gesamte Laufzeit von 20 Jahren.«

Er zeigte mir dann noch mehrere amtliche Dokumente. Alle mit zahlreichen Stempeln und kunstvollen Unterschriften. Alles wirkte sehr amtlich und offiziell. Ich kannte Griechenland aber gut, und dieser ganze Papierkram machte auf mich überhaupt keinen Eindruck. Darüber hinaus machte ich es wie die meisten Griechen. Ich traute meiner Familie und meinen Freunden, aber niemals dem griechischen Staat und seinen Vertretern.

Griechenland ist in der Tat für Solarenergie sehr interessant. Griechenland ist sogar viel interessanter als Deutschland. Hier gibt es mehr Sonnenstunden im Jahr und diese sind darüber hinaus besser kalkulierbar. Es ergibt daher durchaus wirtschaftlich Sinn, den Ausbau der Solarenergie zu fördern.

Trotzdem war die Abnahmegarantie durch den griechischen Staat bei der Laufzeit und dem Preis schierer Irrsinn. Es gab jedoch einige Hauseigentümer, selbst in dem Dorf, in dem ich meinen ersten Wohnsitz hatte, die haben sich mit der Solarförderung tatsächlich ihr Haus vollständig finanziert. Es gab dann auch noch einige Tricks, um die Geschichte noch lukrativer zumachen. Gerade bei größeren Gebäuden und Scheunen kamen so Anlagen zustande, die monatlich mehrere tausend Euro abwarfen.

Zwischenzeitlich ist diese Förderung reduziert worden. Das alles geschah aber wieder mit den typischen griechischen Ausnahmen und indem man natürlich bestehende und beantragte Anlagen ausklammerte.

Die Förderung der Solarenergie ist trotzdem in Griechenland noch viel höher als in Deutschland. Da es in Griechenland zudem mehr Sonnenstunden gibt als in Deutschland, sind die Erträge entsprechend höher.

Da viele Komponenten von Solaranlagen in Deutschland gefertigt werden beziehungsweise wurden, ergibt das deutsche Subventionssytem durchaus einen gewissen Sinn. Zumindest war es ein Weg, den Aufbau der Solarindustrie zu beschleunigen. In Griechenland gibt es keine Solarindustrie. Alle Komponenten werden importiert. Durch die hohe Förderung der Solarenergie in Griechenland wird also in erster Linie die chinesische Solarindustrie subventioniert.

Obwohl das damals alles sehr schlüssig und lukrativ klang, kaufte ich weder dieses noch ein anderes Gebäude.

Es war in vielfältiger Hinsicht klug gewesen, mich nicht auf das Geschäft einzulassen. Einerseits war das Haus tatsächlich völlig überteuert gewesen und die Immobilienpreise gingen in der Folgezeit sogar noch weiter zurück.

Der wichtigere Grund, warum ich mich damals nicht für den Kauf entschied und überhaupt niemals daran gedacht hatte, eine Immobilie in Griechenland zu erwerben, war aber ein anderer. Ich bewohnte damals eine kleine Wohnung in einem Dorf. Hätte ich das Haus gekauft, dann hätte ich damit rechnen müssen, dass das Finanzamt mich unter Umständen steuerlich anders behandelt hätte. Im schlimmsten Fall hätte ich sogar mit willkürlich hohen Steuern rechnen müssen. Das wollte ich unbedingt vermeiden.

Ich wollte nach außen nicht den Eindruck von Wohlstand und hohem Einkommen vermitteln. Die meisten Griechen, die ich kannte, waren da schmerzfreier. Es war etwas ganz Normales, mit einem sehr niedrigen Einkommen versteuert zu werden und trotzdem in einer Villengegend zu leben. Es schien dabei auch kein Problem zu sein, selbst Eigentümer einer

Villa zu sein und außerdem sogar noch neue und teure Autos zu besitzen.

Legt man die Steuerstatistiken zu Grunde, dann muss in den Athener Stadtvierteln Kolonaki, Kifissia und Glyfada die Armut unter den Bewohnern geradezu grassieren. Dort scheint es sogar die niedergelassenen Ärzte hart getroffen zu haben. Nicht einmal zehn Prozent der dort niedergelassenen Ärzte geben in seiner Steuererklärung ein Jahreseinkommen von über 100.000 Euro an. Über 20 Prozent der niedergelassenen Ärzte in diesen Stadtvierteln geben sogar an unter 10.000 Euro im Jahr zu verdienen.

Griechenlandtouristen empfehle ich trotz der dort herrschenden Armut den Besuch dieser Stadtviertel. Sie können dort Villen in prächtigster Architektur bewundern.

Seitdem die Finanzkrise in Griechenland im vollen Gange ist, hat sich auch der Immobilienmarkt in Griechenland verändert. Auf der einen Seite kaufen weniger Griechen in Griechenland Grundstücke und Häuser. Viele wohlhabende Griechen haben sogar Deutschland und hier vor allem Berlin als sicheres Investitionsziel für ihr Geld entdeckt. Bei Verkaufsbesichtigungen von Eigentumswohnungen in den Innenstadtbezirken von Berlin wird in den letzten Jahren nicht mehr nur Russisch, sondern immer öfter auch Griechisch gesprochen. Das beschert uns in Deutschlands großen Städten steigende Immobilienpreise und hohe Mieten.

Es ist aber nicht so, dass die Preise für Immobilien in Griechenland auf breiter Front eingebrochen wären. Die Rückgänge sind sogar vielerorts sehr moderat. Das liegt daran, dass viele »Nordeuropäer« den griechischen Immobilienmarkt für sich entdeckt haben. Gerade die griechischen Inseln werden von Holländern, Schweizern, Dänen und anderen, wohlhabenden Europäern auf der Suche nach einer schönen Immobilie abgegrast. Irgendwie scheint niemand mehr Papiergeld oder Bankeinlagen zu vertrauen.

Ob die Solarförderung in Deutschland sinnvoll ist, kann ich nicht beurteilen. Zumindest ist sie zu einem Teil die Ursache für stark steigende Strompreise. Die Solarförderung in Griechenland hingegen ist Wahnsinn und völlig überflüssig. Sie führte in der Praxis nur dazu, dass Solaranlagen künstlich teuer waren. Volkswirtschaftlich ergeben diese Subventionen keinen Sinn. Man darf auch nicht vergessen, dass die eingegangenen Verpflichtungen für den Staat und die Energieversorger noch jahrzehntelang Bestand haben.

In Deutschland führt die Förderung der Solarenergie dazu, dass die Betreiber ihre Anlagen refinanzieren und eine Rendite im einstelligen Bereich erwirtschaften können. In Griechenland konnte man mit einer Solaranlage auf dem Dach nicht nur die Anlage finanzieren, sondern auch noch das Haus. Stellte man es zudem richtig an, konnte man es sogar noch lukrativer ausgestalten.

Zwischenzeitlich wurde aber die Solar-Party in Griechenland beendet. Zuerst wurde die Einspeisevergütung reduziert und schließlich ein genereller Genehmigungsstopp verhängt. Beides hat natürlich keine Auswirkungen auf bereits genehmigte Anlagen. Getroffen hat es aber auch die Betreiber von Altanlagen. Die garantierten Einspeisevergütungen wurden nämlich seit Monaten (Stand März 2013) nicht mehr ausgezahlt. Damit sieht es auch schlecht aus für das »Null-Euro-Haus«.

Trotzdem ist es natürlich viel sinnvoller, in Griechenland über den Ausbau der Solarenergie nachzudenken als in Nordeuropa. Die klimatischen Voraussetzungen sind ideal. Große Teile Griechenlands haben im Schnitt ca. 300 Sonnentage im Jahr. Zudem sind geeignete Flächen ausreichend vorhanden. Was fehlt, ist eigentlich nur die Netzinfrastruktur. Während man in Deutschland darüber nachdenkt, die Netze auszubauen, möchte Griechenland einen anderen Weg gehen.

Stromexport ohne Netz und Leitungen

In der Solarenergie sieht die griechische Regierung tatsächlich eine Möglichkeit Arbeitsplätze zu schaffen und Steuereinnahmen zu generieren. Wie immer will man nicht kleckern sondern klotzen. Dementsprechend anspruchsvoll sind auch die Ziele, die man sich gesetzt hat. Der griechische Minister für Energie Georgos Papakonstantinou sah 2012 in der Solarenergie sogar die industrielle Zukunft Griechenlands. Mindestens 50.000 neue Arbeitsplätze und 15 Milliarden Euro an Steuereinnahmen wurden angestrebt. Dabei geht es nicht um die Herstellung von Solaranlagen, sondern um die Stromerzeugung mit Solaranlagen. Die Arbeitsplätze sollen schon in den nächsten Jahren entstehen und die Steuereinnahmen aus der Solarenergie bereits 2015 reichlich fließen.

Bisher (2013) ist es noch so, dass der griechische Staat durch die üppigen Subventionen, insbesondere kleiner Solaranlagen auf privaten Gebäuden, Geld ausgibt, anstatt Steuern einzunehmen.

Das soll sich aber ändern. Mit dem Subventionieren kleiner Solaranlagen soll demnächst vollständig Schluss sein. Durch Sonderabgaben auf Solaranlagen will man sich zudem der Altlasten entledigen. Schon jetzt erhalten die Betreiber von derartigen Anlagen kein Geld mehr, obwohl die Rechtsgrundlage Auszahlungen für Jahrzehnte zu einem garantierten Preis vorsieht. Diese Bescheide haben aber schon längst keinen Wert mehr.

Jetzt soll ein ganz großes Rad gedreht werden. Das entsprechende Programm der griechischen Regierung heißt Helios. Mit diesem Solarprogramm sollen so schnell wie möglich Solarpaneele mit einer Gesamtleistung von 10.000 Megawatt im Land installiert werden.

Geld und Steuern sollen verdient werden, indem der erzeugte Strom exportiert wird. Kalkuliert wird mit einem Exportanteil des Solarstroms von mindestens 80 Prozent.

Nun ist es zweifellos wirtschaftlich vernünftiger, Solarstrom im sonnigen Griechenland zu erzeugen als im oft wolkenverhangenen Deutschland. Trotzdem gibt es für die Exportpläne Griechenlands ein entscheidendes Problem. Es fehlen die entsprechenden Leitungen. Dieses Problem kennen wir aus Deutschland. Bei uns ist der Ausbau der Windenergie in letzter Zeit ins Stocken geraten, weil die entsprechenden Leitungen fehlen, die den erzeugten Strom von Norddeutschland nach Süddeutschland bringen sollen. Wie aufwendig und teuer diese Leitungen für nur einige hundert Kilometer sind, wird den deutschen Stromverbrauchern, die dieses letztlich bezahlen werden, gerade erst klar.

Dabei sind diese Probleme ein Klacks gegen das Netzproblem, das auf Griechenland zukommt, wenn die Solarenergie wie geplant ausgebaut wird. Es ist nicht nur so, dass die Netzinfrastruktur in Griechenland dafür nicht ausgelegt ist, leistungsfähige Leitungen für den Export fehlen fast vollständig. Zudem reden wir bei den benötigten Exportleitungen nicht über ein paar hundert Kilometer durch drei oder vier Bundesländer, sondern über Leitungen von mehreren tausend Kilometern Länge. Zudem sollen die Leitungen die Staaten des Balkans durchqueren, was Planung und Umsetzung weiter erschweren dürfte. Dabei ist nicht nur der Bau dieser Leitungen durch diese Staaten problematisch. Auch die Höhe der zukünftigen Durchleitungsgebühren, die die Transitländer verlangen werden, ist kaum einzuschätzen. Es könnte daher passieren, dass griechischer Solarstrom erheblich teurer in Deutschland ankommen wird als in Deutschland erzeugter Solarstrom. Damit wäre dieser Strom nicht konkurrenzfähig und würde an den Strombörsen keine Abnehmer finden.

Natürlich gibt es hierfür auch bereits einen Plan der griechischen Regierung. Zumindest weiß man bereits, wie man den Strom auf dem Papier exportieren kann.

Die angedachte »griechische Lösung« stützt sich dabei auf eine Verordnung der Europäischen Union aus dem Jahr 2009. Diese Verordnung verpflichtet die Mitgliedsstaaten dazu, den Anteil erneuerbarer Energien an der Gesamtstromerzeugung auf mindestens 20 Prozent zu steigern. Nun ist aber abzusehen, dass dieses Ziel von einigen Mitgliedsstaaten nicht fristgerecht erreicht werden wird. Hier käme nun Griechenland ins Spiel. Diese Länder könnten dann diesen Strom in Griechenland erzeugen lassen, wo er auch verbraucht werden würde. Unterm Strich würde das bedeuten, dass zum Beispiel Deutschland seinen Solarstrom zukünftig in Griechenland produzieren und verbrauchen lassen könnte und somit seine Verpflichtungen aus der Europäischen Verordnung erfüllen würde.

In der Praxis würde das bedeuten, dass deutsche Stromkunden die Finanzierung für tausende griechischer Solarprojekte übernehmen sollen, ohne dass dafür Strom nach Deutschland geliefert werden würde. So was dürfte in Deutschland selbst glühenden EU-Fans kaum vermittelbar sein.

Am Ende wird es so kommen, wie mit vielen anderen Projekten in Griechenland. Zuerst wird sich alles verzögern. Dann werden die Planungen und Kalkulationen laufend überarbeitet. Am Ende wird man feststellen, dass sich das ganze Projekt nicht rechnet und die Angelegenheit beendet. Bis dahin werden aber bereits viele Millionen Euro in die Planung investiert worden sein. Dieses Geld wird durch Korruption und Vetternwirtschaft einige Griechen noch reicher gemacht, dem Staat und dem griechischen Volk aber nur geschadet haben.

Man muss kein Prophet sein, um zu erahnen, dass es aus den vielen Milliarden Steuereinnahmen und den zehntausenden von Arbeitsplätzen nichts werden wird. Helios wird nicht die Lösung des griechischen Problems sein, sondern nur eine Illusion bleiben.

Wie es aber auch kommen wird, fraglich ist, ob dann Giorgos Papakonstantinou noch griechischer Energieminister ist. Im Moment (April 2013) steht er zumindest stark in der Kritik. Es geht dabei um dubiose Finanzgeschäfte mit Zypern, die er als damals verantwortlicher griechischer Finanzminister mit zu verantworten haben soll. Der Ausgang dieser Angelegenheit ist noch offen.

Hosen runter! Finanzhilfen im Überblick

»There is an old adage here that Greece
is a poor country full of rich people.«

Wissen Sie eigentlich, was den deutschen Steuerzahler die Griechenlandrettung kostet? Wissen Sie, wie viel schon geflossen ist? Wissen Sie, wie viel noch auf uns zukommt?

Unsere Politiker und Wirtschaftsfachleute reden mit uns schon gar nicht mehr über Summen und Beträge, sondern nur noch verharmlosend über Rettungsschirme und geschnürte Pakete. Dabei geht es für Deutschland um Summen im hohen zweistelligen Milliardenbereich. Für alle Mitglieder der Eurozone, die sich an den diversen Hilfsaktionen beteiligen, sogar um Summen im dreistelligen Milliardenbereich.

Das sind Summen, mit denen wir in unserem täglichen Leben wenig zu tun haben. (Außer natürlich, Sie sind Banker oder Politiker, dann sind Sie nämlich mit dem Jonglieren und Zocken fremder Milliarden vertraut.) Ich möchte Ihnen daher vorab folgendes simples Rechenbeispiel zeigen:

Am 25. März 2010 einigten sich die (damals) 16 Mitgliedsstaaten der Euro-Zone auf einen Hilfsplan für Griechenland mit einem Volumen von bis zu 25 Milliarden Euro. Diese Summe setzte sich zusammen aus bilateralen Hilfen der »zahlungskräftigen« Staaten an Griechenland sowie einem Kredit des Internationalen Währungsfonds (IWF). Die Hauptlast trugen dabei die europäischen Geberstaaten, und zwar nach ihren Kapitalanteilen an der Europäischen Zentralbank (EZB). Damit entfielen auf Deutschland rund ein Fünftel.

Um welchen genauen Betrag es dann für Deutschland schlussendlich ging, blieb selbst Fachleuten unklar. Das spielt auch keine Rolle mehr, weil sich dieser Rettungsplan schon sehr schnell als nicht ausreichend erwies.

Im Januar 2012 verständigten sich die Staaten der Eurozone auf den neuen Rahmen von 145 Milliarden Euro, nachdem sich herausgestellt hatte, dass der bis dahin vermutete Betrag von 130 Milliarden Euro nicht mehr ausreichen würde. Von den ursprünglich 25 Milliarden Euro sprach da schon niemand mehr.

In nicht einmal zwei Jahren hatte sich der Betrag also mehr als versiebenfacht! Wie konnte das passieren?

Damit war und ist aber noch nicht Schluss. Ein Ende ist noch gar nicht abzusehen. Und dabei reden wir hier nur über Griechenland. Es gibt aber auch noch Irland, Portugal, Spanien, Zypern, Slowenien und vielleicht auch bald noch Italien, die sich in durchaus vergleichbaren Situationen befinden. Wir reden immer über Milliarden, wenn es um die »Rettung« von Staaten oder Banken geht. Im Fall von Griechenland geht es um den sagenhaften Betrag von 145.000.000.000 Euro! Das ist ein Betrag mit neun Nullen. Mit diesem Betrag könnte man beispielsweise145.000 Deutsche zu Euro-Millionären machen! Oder man könnte sechs Millionen Familien mit diesem Geld einen gut ausgestatteten Mittelklasse-PKW kaufen.

Für die Nostalgiker rechne ich diesen Betrag auch noch gerne einmal in DM um. Wir haben dann einen Betrag von 283.595.350.000 DM. Für mich sind das alles unglaubliche Beträge.

Zu diesen 145.000.000.000 Euro kommen übrigens noch 18.200.000.000 Euro hinzu, die vom IWF zur Verfügung gestellt werden.

Wie konnte das alles passieren?

Man ist versucht, es für eine griechische Spezialität zu halten und das klingt am Stammtisch dann ungefähr so:

»Den griechischen Politikern und Beamten kann man doch sowieso kein Wort mehr glauben. Griechenland ist einfach ein Fass ohne Boden. Die Griechen haben sich schon damals mit frisierten Zahlen in den Euro gemogelt.«

So oder so ähnlich werden Sie es auch schon gehört haben. Das ist aber nur die halbe Wahrheit. Menschen, die mit riesigen Summen fremden Geldes jonglieren, scheinen sich öfter mal zu verrechnen. Dazu muss man nicht nach Griechenland schauen. Wir dürfen nicht vergessen, was wir in Deutschland in den letzten 15 Jahren mit unseren Banken erleben durften. Auch bei uns tauchten wie aus dem Nichts plötzlich Milliardenforderungen der Banken an den Staat auf, die laufend nach oben korrigiert wurden.

Wenig glaubhaft und zuverlässig sind auch aktuell die Äußerungen der Protagonisten dieses europäischen Trauerspieles. Noch im Dezember 2012 hieß es aus dem zyprischen Finanzministerium:

»Es besteht keine Gefahr. Alles ist unter Kontrolle.«

Auch diese Verlautbarung erwies sich schnell als fehlerhaft. Keine drei Monate später standen der zyprische Staat und vor allem die zyprischen Banken vor dem finanziellen Kollaps. In nächtelangen Verhandlungen einigte man sich im März 2013 mit den anderen Staaten der Eurozone auf ein Hilfspaket mit einem Volumen von zehn Milliarden Euro.

Noch bevor die Parlamente der »Geberstaaten« diesem Hilfsprogramm zustimmen konnten, meldete die Presse bereits am 12. April 2013, dass die Finanzlöcher in Zypern doch wesentlich größer seien und weitere acht bis zehn Milliarden Euro benötigt werden.

Man muss kein Prophet sein, um sicher damit zu rechnen, dass mit diesem Betrag nicht Schluss sein wird. Es ist auch im Fall Zyperns nur eine Frage der Zeit, bis neue Löcher auftauchen. Und wie immer in solchen Fällen sind wir wieder mit dabei.

Bei alledem dürfen Sie bitte nicht vergessen, dass wir von deutschen Geldern reden, die wir selbst gar nicht besitzen. Wenn sich also der deutsche Staat an Hilfsprogrammen beteiligt, dann tut er das mit Geld, das er sich für diesen Zweck leihen muss. Wir finanzieren also unsere Beteiligungen an den diversen Rettungsaktivitäten mit Schulden.

Mit diesen kleinen Rechenspielen und Erläuterungen ist die Frage nach den tatsächlichen Kosten für den deutschen Steuerzahler noch nicht geklärt. Es bleibt bei der vagen Vermutung, dass es um sehr viele Milliarden geht.

Ich schlage Ihnen daher ein kleines Experiment vor:

Fragen Sie doch einfach einmal jemanden aus der Nachbarschaft oder Ihrem Arbeitsumfeld. Besser noch Sie fragen Ihren Bundestagsabgeordneten oder eine Vertreterin einer der großen Parteien. Bekommen Sie dann eine Antwort in der Form einer Summe? Ich stelle diese Frage immer wieder und bekomme Antworten, die ich grob in zwei Typen unterteilen kann:

Frage:

»Können Sie mir sagen, wie viel Geld den deutschen Steuerzahler die Griechenlandrettung bisher gekostet hat und mit welchen Beträgen noch zu rechnen ist?«

Antwort Typ I, (die ehrliche Variante):

»Nein.«

Antwort Typ II, (die »fachmännische« Variante):

»Die Rettungsaktionen für Griechenland bestehen aus zahlreichen Maßnahmen und unterschiedlichen Komponenten. Dabei geht es nicht um Zahlungen, also Geldüberweisungen an den griechischen Staat, sondern auch um Maßnahmen wie Garantien, Zinsverbilligungen, den Aufkauf von griechischen Staatsanleihen sowie die Prolongierung bestehender griechischer Zahlungsverpflichtungen.......« (Hier beende ich diese Antwort. Es folgen in der Regel noch viele Sätze mit noch mehr Fachbegriffen. Es folgt aber eben keine Summe.)

Es gibt übrigens Politiker und selbsternannte Wirtschaftsweisen, die können mit der Beantwortung dieser Frage leicht und locker die Sendezeit einer Talkshow im Fernsehen ausfüllen, ohne eine konkrete Summe zu nennen. Hier geht es dann meistens mehr um Ideologie als um ehrliche Fakten.

Wenn uns schon niemand sagen kann oder sagen will, wie viel Geld bisher geflossen ist und wie viel wir noch bezahlen dürfen, dann haben wir doch zumindest ein Recht darauf, zu erfahren, an wen das Geld gegangen ist. Wer hat die Hilfsmilliarden erhalten?

Die Antwort werde ich Ihnen nicht schuldig bleiben. Ich werde sie Ihnen sogar sehr detailliert beantworten. Sie werden staunen.

Möchten Sie einmal einen Gewinner der griechischen Misere kennen lernen?

Wenn Sie das möchten, dann sind Sie hier genau richtig. Lesen Sie dieses Buch weiter und Sie werden aus dem Staunen nicht mehr herauskommen. Es gibt sie tatsächlich, die Gewinner der griechischen Finanzkatastrophe. Ich packe aus! Hören Sie sich meine Geschichte an.

Wollen wir das eigentlich alles so?

»Zur Überwindung der griechischen Finanzkrise muss Europa
nicht nur mehr Entschlossenheit zeigen, sondern auch
ein viel größeres Gefühl für die Wirklichkeit.«

Der Bundestag winkt im Rekordtempo ein Rettungspaket nach dem anderen durch. Aber was bedeutet das eigentlich für uns in Deutschland? Wissen unsere Bundestagsabgeordneten, um wie viel Geld es eigentlich geht? Wissen Sie, in welche Taschen dieses Geld fließt?

Ich möchte mal großzügig unterstellen, dass unsere Bundestagsabgeordneten und die Mitglieder der Regierung im Kern wissen, worum es geht.

Ich habe aber auch manchmal die Vermutung, dass einige Bundestagsabgeordnete mit ihren Fraktionen stimmen, ohne diese Fragen im Detail beantworten zu können.

Hinzu kommt, dass sie in den Jahren 2010-2013 des Öfteren unter hohem Zeitdruck entscheiden mussten und es auch stets hieß, dass diese Maßnahmen alternativlos sein.

Stimmt das wirklich? Was wäre passiert, wenn der Bundestag einfach mal »Nein« gesagt hätte? Hätte es dann wirklich keine Alternative gegeben.

Und was ist mit uns? Haben wir das eigentlich alles so gewollt? Ich stelle die Frage hier noch einmal:

Was wäre passiert, wenn das Volk im Rahmen einer Volksabstimmung über die Rettungspakete entschieden hätte?

Die Frage kann ich natürlich nicht beantworten. In einem bin ich mir aber zu 100 Prozent sicher: Wenn für derartige Dinge Volksabstimmungen vorgesehen wären, dann würden sich die Politiker in jedem Fall mehr Mühe geben, uns die Situation und die einzelnen Maßnahmen zu erklären. Alleine dafür würden sich Volksabstimmungen bereits lohnen.

Wie geht es eigentlich den Griechen?

»Ein Großteil der privaten Wirtschaft ist darauf ausgerichtet, die richtigen
Leute zu kennen, um gute öffentliche Aufträge zu kriegen.«
Prof. Manos Matsaganis
Professor an der University of Economics & Business in Athen
am 12. April 2013 im Handelsblatt.

Die griechische Bevölkerung und die griechische Regierung müssten sich
doch eigentlich über die vielen Milliarden Euro aus Deutschland freuen und
uns dankbar sein. Schaut man sich aber die Bilder von Demonstrationen in
Athen an, dann bekommt man seine Zweifel. Es erscheint fast so, als wären
die Griechen überhaupt nicht glücklich mit den vielen Milliarden Euro. Zudem scheint sich Deutschland und unsere Kanzlerin in den Augen vieler
wütender Demonstranten zur Lieblingsfeindin gemausert zu haben. Dabei
trägt der deutsche Steuerzahler den Löwenanteil der diversen Rettungsmaßnahmen. Wie konnte das passieren?

So wie ich die Situation in Griechenland einschätze, würde auch die
griechische Bevölkerung in einer Volksabstimmung den Maßnahmen der
Eurozone nicht mehr zustimmen.

Um das zu verstehen, muss man sich die griechischen Wirtschaftsdaten
anschauen. Ich verwende Daten aus dem Dezember 2012, die vom Auswär-
tigen Amt veröffentlicht wurden. Darin heißt es:

»Die griechische Wirtschaft schrumpft seit 2009. 2010 betrug der (reale)
Rückgang des Bruttoinlandsprodukts (BIP) 4,5 Prozent, 2011 beinahe 7
Prozent. Prognosen für das laufende Jahr sind weiterhin pessimistisch und
schwanken in der Größenordnung von 4 bis 6 Prozent Minuswachstum.
Griechenland wird voraussichtlich erst ab 2015 wieder auf einen Wachs-
tumspfad zurückkehren können. Die Arbeitslosigkeit liegt nach Angaben
der Statistikbehörde EL.STAT. (Hellenic Statistical Authority) für das erste
Quartal 2012 bei 22,6 Prozent, die Jugendarbeitslosigkeit über 50 Prozent,
Tendenz weiter steigend.

Das Haushaltsdefizit 2009 betrug nach revidierten Eurostat-
Berechnungen vom November 2010 15,4 Prozent. Für 2011 war zunächst
ein Defizitziel von 7,5 Prozent angestrebt worden, das sich allerdings als
unrealistisch erwies. Ende 2011 betrug das Haushaltsdefizit 9,1 Prozent und
die Gesamtverschuldung über 160 Prozent des Bruttosozialprodukts.«

Die Zahlen machen deutlich, dass die griechische Freude an den Rettungspaketen nicht ungetrübt sein kann. Es stellt sich die Frage, wohin die vielen Milliarden eigentlich geflossen sind. In jedem Fall sind sie nicht in den Kreislauf der griechischen Wirtschaft gelangt. Eher scheint das Gegenteil der Fall zu sein.

Um den Umfang der griechischen Wirtschaftskatastrophe erfassen zu können, bitte ich Sie, sich folgendes Rechenbeispiel anzuschauen:

Im Januar 2013 betrug die Arbeitslosenquote für Griechenland 27,1 Prozent. Das war die höchste jemals in Griechenland gemessene Arbeitslosenquote. Die Arbeitslosigkeit steigt seit 2008 ohne Unterbrechung und damit im fünften Jahr in Folge.

Unterstellen wir, dass der deutsche Arbeitsmarkt sich in einer vergleichbaren Situation befände und rechnen wir diese Quote für Deutschland hoch, dann ergäben 27,1 Prozent Arbeitslosenquote 11,5 Millionen Arbeitslose in Deutschland.

Legt man also die Quoten für Griechenland in Deutschland zu Grunde, dann hätten wir hier seit Jahren über zehn Millionen Arbeitslose. Das möchte man sich gar nicht vorstellen!

Die griechische Wirtschaft ist schon seit Jahrzehnten international nicht mehr konkurrenzfähig. Vor der Einführung des Euro war das aber ein lösbares Problem. Es reichte oft schon, wenn die Drachme kräftig abgewertet wurde. Auf diesem Umweg konnte Griechenland damals Konkurrenzfähigkeit zurückgewinnen. Das geht mit dem Euro nicht mehr. In der Folge sind viele Unternehmen des produzierenden Gewerbes über die Grenze nach Bulgarien ausgewichen und haben damit den wirtschaftlichen Niedergang Griechenlands noch beschleunigt.

Ohne den Euro verfügte Griechenland zwar auch nicht über eine robuste und gesunde Wirtschaft. Mit der Einführung des Euros ist Griechenlands Wirtschaft aber komplett stranguliert worden. Das war im Grunde schon vor dem Ausbruch der griechischen Finanzkrise deutlich absehbar.

Nach diesem Muster können Sie praktisch jeden wirtschaftlichen Indikator heranziehen. Überall stehen die Zeichen für Griechenland auf Rezession. Überall steht die Entwicklung mit der Einführung des Euros in einem Zusammenhang. Wenn jetzt schon wieder Politiker behaupten, die Talsohle sei bereits durchschritten, dann ist das zynischer Zweckoptimismus.

Da stellt sich doch die Frage, warum Griechenland damals unbedingt den Euro haben wollte. Wirtschaftlich scheint das in jedem Fall nicht erklärbar zu sein. Es gibt aber Gründe. Sie werden diese Gründe in den nächsten Kapiteln erfahren. Und auch darüber werden Sie sich wahrscheinlich wundern.

Wer im Glashaus sitzt….

»Die Rettung der Bankgesellschaft Berlin hat das Land Berlinviele Milliarden gekostet und die Stadt arm, aber leider nicht sexy gemacht.«

An Stammtischen und in den Boulevardzeitungen gehen wir hart mit Griechenland ins Gericht. Wir zeigen wenig Verständnis und meinen aus sicherer Entfernung die Lage beurteilen zu können. Ich bin fest davon überzeugt, dass, wenn es in Deutschland Volksabstimmungen gegeben hätte, kein einziges Rettungspaket von der Bevölkerung durchgewunken worden wäre. Wir alle haben doch schon längst den Verdacht, dass unsere Steuermilliarden in Griechenland, Portugal und den anderen Krisenstaaten wirkungslos versickern. So, wie wir informiert werden und so oft, wie nachgebessert werden musste, ist uns die Lust an Solidarität mit Griechenland schon längst vergangen. Sieht man dann noch Bilder von demonstrierenden Griechen, die deutsche Fahnen verbrennen, dann sinkt unsere Bereitschaft zur Hilfe weiter. Wir halten das gesamte Geschehen schon für eine rein griechische Angelegenheit. Und natürlich meinen wir, dass Vergleichbares in Deutschland nicht passieren könnte.

Dabei vergessen wir, dass Rettungsschirme auch für uns in Deutschland nichts Unbekanntes sind. In Hamburg, Berlin, Frankfurt, München, Dresden und Düsseldorf hat es in den letzten 15 Jahren Bankenrettungen gegeben, die uns, den Steuerzahlern, viele Milliarden gekostet haben. Gefragt hat uns natürlich auch niemand.

In den Jahren der Bankenkrisen in Deutschland sprachen unsere Politiker zwar noch nicht von „alternativlos", dafür lernten wir aber ein anderes Wort. Systemrelevant! Gelder mussten fließen, weil die Banken systemrelevant seien. Auch damals musste alles ganz schnell gehen. Auch damals ging es um viele Milliarden Steuergelder. Heute scheint das alles bereits vergessen und mit Griechenland nichts zu tun zu haben.

Dabei hängt hier alles mit allem zusammen. Aus der Krise der Banken wurde die Krise der Staaten.

Exemplarisch möchte ich die Fastpleite der Bankgesellschaft Berlin (2001-2002) kurz in Erinnerung rufen. Für mich ist der Berliner Bankenskandal immer noch die »Mutter aller Bankenkrisen«. Noch heute, 13 Jahre nach diesem Skandal, zahlt der Berliner Steuerzahler und letztlich wir alle für die Versäumnisse der damaligen Bankvorstände und Verwaltungsratsmitglieder. Ich werde Ihnen den Verlauf dieser Krise in diesem Buch noch einmal vor Augen führen. Schon die Bankenkrise in Berlin war eine Geschichte von Dummheit, Größenwahn und Betrug.

Weiterhin werde ich Ihnen noch einmal den Münchener Bankenskandal vor Augen führen, der untrennbar mit dem Namen Hypo Alpe Adria verbunden ist. Der Freistaat Bayern hat allein durch dieses Abenteuer 3,7 Milliarden Euro verloren und die Bank am Ende für einen Euro an die Republik Österreich verschenkt. Machen Sie sich aber bitte keine Sorgen um die Beteiligten. Es flossen viele Millionen in die privaten Taschen einiger der Protagonisten in Bayern, Kärnten und natürlich auf dem Balkan.

Aus den beiden Geschichten hätte man eigentlich viel lernen können.

So was darf einfach nicht vergessen werden.

Dabei war die Berliner Bankenkrise damals überhaupt erst der Anfang. Man schien überdies daraus keine Lehren gezogen zu haben. Nur wenige Jahre später kam es dann zur weltweiten Bankenkrise und der deutsche Steuerzahler war wieder mit vielen Milliarden mit von der Partie. Die Bankenrettungen nach 2007 in München, Hamburg, Frankfurt, Düsseldorf und weiteren Finanzplätzen kosteten uns Steuerzahler allein bis zum Jahre 2010 schätzungsweise 39 Milliarden Euro. Dieser Betrag umfasst dabei nur die Summen für die Hypo Real Estate, die Commerzbank, IKB, Sachsen LB, West LB, Bayern LB sowie HSH Nordbank.

Die Staaten der Eurozone haben für die »Rettung« ihrer Banken im Zeitraum von 2007 – 2010 insgesamt 92 Milliarden Euro ausgegeben. (Quelle: Eurostat – europäische Statistikbehörde.)

Für Deutschland bedeutet das, dass die 39 Milliarden, die der Staat für die Banken aufbrachte, wiederum mit neuen Schulden finanziert wurden. Daraus wurden dann auch die millionenschweren Abfindungen und Ruhestandsgehälter der Vorstandsnieten bezahlt.

Das Milliardensodoku

»Während der Sitzung des Deutschen Bundestages
am 27. Februar 2012 wurde der Bundesfinanzmister
Dr. Wolfgang Schäuble von Kameras beim
Sodokuspielen erwischt. Bei der anschließenden Abstimmung
bewilligte der Deutsche Bundestag Hilfen
für Griechenland in Höhe von
insgesamt 144,6 Milliarden Euro.«

Der Bundestagsbeschluss war der Tagesschau (ARD 27. Februar 2012, 20:00 Uhr) dann auch den ersten Bericht wert. Dabei wurden auch die Bilder des spielenden Dr. Wolfgang Schäuble gezeigt. Ich hatte mich damals schon sehr darüber gewundert. Zu Wort kam während dieser Debatte auch die Bundeskanzlerin Frau Dr. Merkel: »Europa scheitert, wenn der Euro scheitert. Europa gewinnt, wenn der Euro gewinnt.«

Für dieses Buch haben wir kurz vor der Veröffentlichung die aktuellsten Zahlen recherchiert. Dazu habe ich zahlreiche Gespräche mit Politikern geführt und einige Mitglieder des deutschen Bundestages schriftlich um Auskunft gebeten.

Aus dem Dokument »Europäische Finanzhilfen im Überblick; Stand: 31. März 2013)« des Bundesministeriums der Finanzen haben wir folgende Werte entnommen:

Die Höhe des Finanzierungsrahmens für Griechenland innerhalb des EFSF-Programms beträgt insgesamt 144,6 Milliarden Euro. Davon wurden 113,0 Milliarden Euro ausgezahlt. Überweisungen in Höhe von 31,6 Milliarden Euro stehen noch aus. (Seite 2)

Von diesen Beträgen entfallen 67,8 Milliarden Euro auf den deutschen Gewährleistungsrahmen. Davon wurden 53,0 Milliarden Euro ausbezahlt und weitere 14,8 Milliarden Euro stehen noch zur Verfügung. (Seite 5)

Zu dem Finanzierungsrahmen aus dem EFSF-Programm kommen für Griechenland noch 19,1 Milliarden Euro Finanzierungsrahmen des IWF hinzu. (Seite 4)

Abweichend von den Angaben des Bundesministeriums für Finanzen teilte mir das Büro des Bundestagsabgeordneten Joachim Spatz (MdB FDP) am 10. April 2013 folgende Zahlen mit:
Deutscher Anteil am »ersten Hilfspaket« für Griechenland: 22,4 Milliarden Euro, davon wurden 15,17 Milliarden Euro bereits ausgezahlt.
Deutscher Anteil am »zweiten Hilfspaket« für Griechenland: 31,38 Milliarden Euro, davon wurden 24,52 Milliarden Euro ausgezahlt.
Der Bundestagsabgeordnete Johannes Kahrs (MdB SPD) teilte mir auf Anfrage ebenfalls am 10. April 2013 folgende Zahlen mit:
»Im zweiten Hilfspaket aus dem Februar/März 2012 wurden Griechenland von der EZB insgesamt ungefähr 130 Milliarden Euro geliehen.«
Antwort von: Dr. Gysi (MdB Die Linke) am 15. April 2013:
»Die Bundesregierung hat bisher nur Bürgschaften übernommen. Das bedeutet, dass noch keine direkte Zahlung geflossen ist. In dem Moment, in dem Griechenland ein Darlehen nicht zurückzahlen kann, haftet die Bundesrepublik Deutschland hinsichtlich der Schulden zu 27 Prozent gegenüber der Europäischen Zentralbank. Es ist zu befürchten, dass es dazu kommen wird. Noch ist es allerdings nicht passiert.«
Antwort von: Mechtild Heil (MdB CDU/CSU) am 15. März 2013
»Bisher wurde der Bundeshaushalt mit 730 Millionen Euro belastet. Bei den Finanzhilfen handelt es sich um Kredite, diese würden erst dann den Bundeshaushalt mit Milliarden belasten, wenn Griechenland Bankrott geht. Damit würde aber nicht der Rückzahlanspruch verfallen. Griechenland müsste dann immer noch die Kredite zurückzahlen. Dabei bestünde aber die Gefahr, dass nicht der gesamte Kredit zurückgezahlt wird. Wie hoch diese Summe sein würde, kann ich Ihnen nicht sagen.«
Antwort von: Wissenschaftlicher Mitarbeiter im Bundestagsbüro Frank Schäffler (MdB FDP) am 15. März 2013)
Bitte haben Sie Verständnis, dass es kaum möglich ist, eine einfach Ziffer zu den Kosten der Griechenlandrettung für den deutschen Steuerzahler zu benennen. Das liegt daran, dass ein Großteil der Kosten hypothetisch ist, da es sich um Garantien handelt. Auch besteht Uneinigkeit darüber, ob beispielsweise aus dem TARGET2-System entstehende Verbindlichkeiten in die Kosten einzurechnen sind. Dass die Garantien irgendwann eingelöst werden müssen ist zwar wahrscheinlich aber nicht zwingend. Es gibt daher keine faktisch überprüfbaren Zahlen, sondern nur Schätzungen. Das ifo-Institut schätzt die Kosten für den deutschen Steuerzahler bei einem griechischen Staatsbankrott auf 82 Mrd. €, andere Schätzungen liegen höher. Nicht hypothetisch sind die bereits entgangenen Zinsgewinne, die den deutschen Bundeshaushalt 2013 mit 730 Millionen € belasten werden.
Antwort aus dem Büro von Jürgen Trettin (MdB Die Grünen):
»Der Bund hat eben kein Geld nach Griechenland geschickt und entsprechend auch keine Kredite aufgenommen. Er hat aber, wie bereits ge-

schrieben, Geld durch Zinsen eingenommen. Wer den Euro jetzt abschaffen will, der zerstört den Teil der deutschen Exportindustrie, der in die Euro-Staaten liefert. Eine enorm hohe Aufwertung der neuen D-Mark gegenüber der Währung Resteuropas wäre unvermeidlich.«

Ich könnte Ihnen noch eine Vielzahl von ähnlichen Antworten präsentieren. Ich bekam eine Vielzahl von unterschiedlichen Summen und Beträgen genannt. Für mich ergab sich kein stimmiges Bild. Von allen wurde aber betont, dass es sich bei den vielen Milliarden nicht um Gelder handelt, die direkt nach Griechenland geflossen sind.

Für mich waren die Zahlenabgaben insgesamt wenig konsistent. Ich finde, diese Aussagen sprechen keine klare Sprache. Vielmehr wird versucht, die tatsächlichen Belastungen für den deutschen Steuerzahler kleinzureden. Bilden Sie sich aber bitte Ihr eigenes Urteil.

Ich war nach meiner Befragung ernüchtert. Obwohl es einen Genehmigungsvorbehalt des Parlamentes für derartige Maßnahmen gibt, der sogar vom Verfassungsgericht bestätigt wurde, scheint das gesamte Verfahren viel zu schnell und viel zu wenig geprüft über die Bühne zu gehen. In der Praxis ist es eine kleine Gruppe von Beamten aus dem Finanzministerium, die die Rahmenbedingungen festzurrt. Dann erteilt die Kanzlerin ihren Segen. Die Fraktionsvorsitzenden bringen anschließend ihre Bundestagsfraktionen auf Kurs. Am Ende stimmen dann alle zu. Es gibt zwar ein paar Abweichler, die stellen die überwältigende Mehrheit niemals in frage.

Die einzige Fraktion, die grundsätzlich nicht zustimmt, ist die Fraktion der Partei »die Linke«. Bei den Damen und Herren hat das aber nichts mit Wissen oder Überzeugung zu tun, sondern mehr mit Fundamentalopposition und linker Ideologie.

Nachdem ich Sie jetzt auf den aktuellen Stand gebracht habe, werde ich Ihnen in den nächsten Kapiteln meine Geschichte erzählen. Ich kann nämlich von mir behaupten, ein echter Gewinner, des griechischen Finanzsystems gewesen zu sein. Über viele Jahre habe ich als Deutscher vom griechischen System üppig profitiert.

Der reichste Mann im Ort

Wenn man im Fernsehen Bilder von Streiks in Griechenland sieht oder darüber in der Zeitung liest, dann lohnt es sich schon, ganz genau hinzuschauen. Wir kennen Streiks im Allgemeinen als Kampfmittel von Gewerkschaften im Rahmen von Tarifverhandlungen. Dabei geht es um höhere Gehälter oder die Verbesserung von Arbeitsbedingungen. In Griechenland ist das etwas anders. Hier streiken auch die Unternehmer! Als ausgerechnet im Sommer 2010 die Tankstellen nicht mehr mit Treibstoffen beliefert wurden und zehntausende von Urlaubern strandeten, streikten nicht etwa die LKW-Fahrer. Es ging auch niemandem um Gehälter oder Arbeitsbedingungen. Es waren die Speditionsunternehmen, die ihre Tankzüge nicht auf die Straße ließen. Dabei ging es ihnen auch nicht um höhere Gehälter oder Frachtraten, sondern um die Sicherung von staatlichen Privilegien. Wenn Sie nämlich in Griechenland Eigentümer für eine Transportlizenz für Treibstoffe sind, dann haben Sie und ihre Familie für Generationen im Grunde ausgesorgt.

2011 wurden die entsprechenden Gesetze überarbeitet und der Markt liberalisiert. Geändert hat sich in der Praxis nichts.

Der reichste Mann im Ort war Giannis ********. Ich lernte ihn gleich in der ersten Woche meines Aufenthaltes in Griechenland kennen. Er kam einfach so bei mir vorbei und stellte sich vor. Er war ein entfernter Verwandter meines griechischen Freundes Dimitrie, den ich aus Deutschland kannte. Einer von Giannis Söhnen studierte damals in Hamburg. Giannis sprach ein wenig deutsch und besuchte mich jedes Mal, wenn ich in Griechenland war. Es waren immer sehr angenehme Gespräche und er war stark daran interessiert, seine Deutschkenntnisse zu verbessern. Schon bald lud er mich auch zu seinen zahlreichen und großen Familienfesten ein.

Wie bei vielen anderen Griechen, die ich kenne, war sein Interesse eine Fremdsprache zu erlernen groß. Außerdem ist es auch typisch, dass wohlhabende Griechen ihre Kinder an renommierten Universitäten im vorwiegend westlichen Europa oder Nordamerika studieren lassen.

Mit seiner Familie bewohnte er eine große und opulente Villa. Diese Villa lag in einem parkähnlichen Grundstück von mindestens zwei Hektar Größe. Die Villa war sehr hochwertig ausgestattet. Es gab dort mehr Antiquitäten als in manchem Museum.

Giannis lebte dort mit seiner Frau und seinen Kindern. Auch seine Eltern lebten mit der Familie in dieser Villa. Er versorgte seinen 91 Jahre alten Vater und die Mutter sehr fürsorglich. Dazu gab es sogar eine Pflegekraft aus Bulgarien, die mit in der Villa lebte und die Eltern rund um die Uhr versorgte.

Gianni war seinen Eltern sehr dankbar und hatte auch allen Grund dazu. Immerhin hatte er ihnen den Reichtum der Familie zu verdanken. Der Reichtum der Familie bestand aus zwei 40-Tonnern. Es waren zwei Lastzüge deutschen Fabrikats. Der eigentliche Reichtum bestand in der Transportlizenz für die beiden LKW.

Giannis Vater, der ein einfacher Landarbeiter war, hatte die Lizenzen Anfang der 70er Jahre erworben. Damals vergab der griechische Staat 33.000 dieser Lizenzen gegen eine niedrige Gebühr. Aufgrund seiner guten Beziehungen und reichlich Schmiergeld erhielt Giannis Vater damals die Lizenzen für die beiden LKW. Seit damals wurden vom griechischen Staat keine neuen Lizenzen mehr ausgegeben.

Möchte man heute eine derartige Lizenz erwerben, so muss man dafür mindestens 300.000 Euro bezahlen, wenn man überhaupt eine Lizenz bekommt.

Noch teurer sind die Lizenzen für Tanklaster, von denen es in ganz Griechenland etwa 1300 gibt.

Folge der staatlichen Regulierung oder besser gesagt Misswirtschaft ist ein Marktversagen im gesamten Transportsegment. Während sich in Europa flexible Logistikkonzerne entwickelt haben, ist es in Griechenland bei kleinen Transportunternehmen mit einem oder zwei Fahrzeugen geblieben. Dafür sind die Preise für Transporte horrende und schaden damit der wirtschaftlichen Entwicklung anderer Branchen.

Nur sehr Wenige profitieren von derartigen Regelungen. Gianni und seine Familie gehörten zu diesen Wenigen. Ihm bescherte dieser abgeschottete Markt seit Jahrzehnten immenses Einkommen und Wohlstand. Unter den Transportunternehmen funktioniert die Kooperation auch sehr gut. So existiert praktisch keine Konkurrenz.

Der Transportsektor zu Wasser ist für die griechische Wirtschaft und den Staat leider auch kein Hoffnungsträger. Zwar verfügen griechische Reeder über eine der modernsten und größten Flotten der Welt, nutzen tut das jedoch dem griechischen Staat nichts. Griechischen Reedern garantiert der Staat nämlich umfangreiche Steuerprivilegien.

Auch unter den Matrosen der Schiffe werden Sie kaum Griechen antreffen. Das führt zwar dazu, dass einige Reeder es zu unglaublichem Reichtum und Einfluss in der Politik gebracht haben, an der Finanzierung des Staates beteiligen sie sich aber praktisch nicht.

Neben den Transportunternehmen gibt es weitere Bereiche der Wirtschaft, die wie geschlossene Gesellschaften organisiert sind. Vergleichbares findet man bei Architekten, Apotheken, Notaren und anderen Gewerben und Berufen. Die Folgen sind hohe Preise, ineffizientes Angebot und Möglichkeiten der Bereicherung durch die Inhaber derartiger Lizenzen.

Diese Formen der Marktbeschränkungen wirken sich negativ auf Griechenlands wirtschaftliche Entwicklung aus. Das renommierte Wirtschaftsforschungsinstitut IOBE (Foundation for Economic and Industrial Research) mit Sitz in Athen hat berechnet, dass allein ein moderater Wegfall dieser Marktbeschränkungen ein jährliches Wirtschaftswachstum von 3 Prozent zur Folge haben könnte. Seit 2011 sind hierzu zahlreiche Gesetzesreformen auf den Weg gebracht worden. Soweit ich die Lage überschauen kann, hat sich bis heute wenig bis nichts verändert. Zumindest musste Gianni seinen Lebensstil bis heute nicht ändern.

Ich habe Ihnen in den ersten Kapiteln einige Zahlen zur »Griechenlandrettung« zusammengestellt. Sie haben auch bereits etwas über die griechische Wirtschaft erfahren. Es ist jetzt an der Zeit, dass ich mich Ihnen näher vorstelle. Ich bin leider nie ein ehrbarer Geschäftsmann gewesen und verfüge auch über keine beeindruckende Vita. Ich bin vielmehr ein notorischer Steuerbetrüger (gewesen). Das war letztlich auch der Grund für meinen Griechenland Aufenthalt.

In den nächsten Kapiteln erfahren Sie mehr über mich, meine Person und alle Details zu meinem griechischen Steuersparmodell.

Mögen die Superreichen ihr Geld doch in die Schweiz oder in die Karibik bringen und ihre Daten später auf einer Steuer CD widerfinden. Meine Steueroase war Griechenland und dort habe ich garantiert keinen digitalen Fußabdruck hinterlassen.

Ich beginne meine Geschichte mit der »Beichte« bei meinem deutschen Steuerberater.

Beim Steuerberater in Deutschland

Abgabenordnung § 371 (1)
Selbstanzeige bei Steuerhinterziehung

»(1) Wer gegenüber der Finanzbehörde zu allen unverjährten
Steuerstraftaten einer Steuerart in vollem Umfang die unrichtigen
Angaben berichtigt, die unvollständigen Angaben ergänzt oder
die unterlassenen Angaben nachholt, wird wegen dieser
Steuerstraftaten nicht nach § 370 bestraft.«

Ich hatte die ganze Nacht nicht schlafen können und saß nun im Wartezimmer der Kanzlei meines Steuerberaters. Vor mir lag der wahrscheinlich
schwierigste Termin meines Lebens. Zumindest soweit es den geschäftlichen Teil betraf.

Ich hatte den Termin kurzfristig telefonisch vereinbart. Es war die Woche nach Ostern und ich war froh, dass dieser Termin von einem Tag auf
den anderen möglich war. Für mich gab es keinen Grund mehr, länger zu
warten. Für mich bedeutete jeder Tag des Wartens ein unnötiges Risiko.
Außerdem brannte ich darauf, mich von einer immensen Last zu befreien.

Als mich die Sekretärin am Telefon fragte, um was es denn ginge, sagte
ich knapp:

»Ich habe einige eher allgemeine Fragen, die ich persönlich an Herrn Dr.
Müller richten möchte und brauche eine Beratung von zirka 30 Minuten.«

Das war natürlich gelogen. Es ging mir bei diesem Termin nicht um ein
paar allgemeine Fragen. Ich hatte eine ganz klare Vorstellung von diesem
Treffen. Am Ende dauerte der Termin dann auch länger als drei Stunden
und mein Steuerberater Dr. Müller fiel dabei von einer Ohnmacht in die
andere. Wir haben dann noch im Anschluss an unser Gespräch die Nacht
über meinen Unterlagen gesessen. Am nächsten Morgen war der von mir
gewünschte Schriftsatz nebst allen Anlagen vor neun Uhr fertig und von
meinem Steuerberater persönlich dem zuständigen Finanzamt übergeben
worden.

Noch saß ich jetzt aber unruhig im Wartezimmer und las oberflächlich
in einem der ausliegenden Wochenmagazine. Wie immer musste ich nur
kurz warten und wurde dann von Dr. Müller abgeholt, freundlich begrüßt
und in sein Büro begleitet. Er ließ seine Mandanten nie lange warten und
bereitete sich stets auf jeden Termin sehr gewissenhaft vor. Da es aber keinen konkreten Anlass für meinen Besuch gab und ich auch am Telefon kei-

nen Hinweis gegeben hatte, musste ihm die Vorbereitung diesmal etwas schwerer gefallen sein. Mein Besuch und vor allem der Anlass meines Besuches waren für ihn völlig überraschend. So habe ich es aber auch gewollt. Niemand, auch er nicht, sollte vorher von meinem Plan erfahren.

Auf seinem Schreibtisch lag schon meine Akte. Weitere Unterlagen in mehreren Ordnern hatte er sich außerdem kommen lassen und diese lagen nun ebenfalls auf dem Schreibtisch. Natürlich hatte er auch meine Daten auf dem Computer aufgerufen.

Es war sehr ruhig in der Kanzlei und ich schien an diesem Nachmittag der einzige Mandant gewesen zu sein. Wie immer hatte ich die Frage nach einer Tasse Kaffee oder einem Glas Wasser freundlich verneint.

Dr. Müller:

»Herr Braunmar, es freut mich, Sie einmal wieder persönlich in meiner Kanzlei begrüßen zu können. Was kann ich denn für Sie tun?«

Dr. Müller war schon seit vielen Jahren mein Steuerberater, sowohl für mein Geschäft als auch für alle privaten steuerlichen Angelegenheiten in Deutschland. Ich ließ regelmäßig meine Unterlagen vorbeibringen und beantwortete ihm auch alle Anfragen, meistens per Email oder am Mobiltelefon, fristgerecht. In der Vergangenheit verlief das alles völlig unproblematisch. Die meisten Dinge wurden bereits mit den Damen in seinem Sekretariat erledigt. Ich legte in der Vergangenheit auch stets wenig Wert darauf, mit ihm ein persönliches Gespräch zu führen. Da stets alles funktionierte, gab es dazu auch schon lange keinen Anlass mehr.

Ich unterschrieb stets ungeprüft, was mir die Kanzlei vorlegte und war mit den Bescheiden des Finanzamtes in der Vergangenheit immer zufrieden gewesen. Sie fielen zumindest immer so aus, wie sie erwartet wurden. Das lag auch daran, dass letztlich Dr. Müller in allen steuerlichen Angelegenheiten bei uns das letzte Wort hatte. Ich wäre nie auf die Idee gekommen, gegen seinen Rat zu handeln. So war das Thema Steuern für mich über viele Jahre kalkulierbar gewesen. Zumindest betraf das den offiziellen Teil meiner wirtschaftlichen Tätigkeit.

Es gab in meiner Firma auch einmal eine aufwendige Steuerprüfung. Aber auch die hatte ich problemlos überstanden. Auch damals brauchte ich Dr. Müller persönlich kaum. Ich fuhr selbst zum Prüfer in das Finanzamt und die Unterlagen wurden im Sekretariat der Steuerkanzlei zusammengestellt und sorgfältig aufbereitet. Herr Dr. Müller war dann nur noch bei dem Abschlussgespräch dabei. Die Steuerprüfung damals führte zwar zu einer Nachzahlung von insgesamt 21.731 Euro. Trotzdem war ich damit sofort einverstanden. Dazu muss ich ergänzen, dass sich der Prüfungszeitraum über drei Jahre und mehrere Steuerarten erstreckte. Betrachtet man außerdem den Gesamtumsatz meines Unternehmens sowie den Gewinn und die jährlich gezahlten Steuern, dann stellte die Nachzahlung nur einen sehr überschaubaren Bruchteil dar.

Seit dieser Prüfung hatte ich dann auch Ruhe und selbst nichts mehr vom Finanzamt gehört. Um alles andere kümmerten sich Herr Dr. Müller und sein Team in all den Jahren.

Für mich war diese Steuerprüfung damals sehr interessant und erkenntnisreich. Auf der einen Seite belegte sie, mit welcher Qualität Herr Dr. Müller arbeitete. Auf der anderen Seite war es erstaunlich, zu erleben, mit welcher Akribie und Präzision sich der Steuerprüfer des Finanzamtes in die Materie einarbeitete. Er hatte schon nach kurzer Zeit mein Unternehmen gut durchleuchtet. Die Art und Weise, wie er vorging, zeigte mir, auf welch hohem Niveau sich in Deutschland die Steuerverwaltung bewegt.

Zu meinem beruflichen Hintergrund muss ich Ihnen mitteilen, dass ich gemeinsam mit meinem langjährigen Geschäftspartner Rico ******* einen größeren Gastronomie- und Hotellerie Betrieb in einer norddeutschen Stadt bewirtschaftete. Es geht dabei um eine Immobilie an der Küste. Küste ist in unserer Stadt die Bezeichnung für das Rotlichtviertel. Dort steht unser Haus. Es handelt sich um einen Neubau mit modernster Ausstattung. In diesem Gebäude befinden sich mehrere Restaurants, eine Bar, ein Club sowie ein großes Automatencasino. Hinzu kommt das Hotel mit insgesamt 34 Zimmern. Das Hotel ist als Laufhaus konzipiert. Die Huren oder deren Zuhälter mieten sich dort ihre Zimmer und die Kunden können durch die Gänge des Hauses gehen und sich nach der passenden Frau umgucken.

Mit dem eigentlichen Geschäft der Huren hatten wir nichts zu tun. Wir waren die Gesellschafter und Geschäftsführer der GmbH. Diese GmbH vermietete lediglich die Zimmer tage- oder wochenweise an die Frauen. Außerdem boten wir einen umfassenden Service, der aus Security und Bordellmanagement bestand. Weder Rico noch ich betrieben Zuhälterei. Damit hatten wir schon längst Schluss gemacht.

Auch die Restaurants wurden nicht von uns bewirtschaftet. Wir hatten sie lediglich verpachtet. Das galt auch für die Bar und den Club.

Nur an dem Automatencasino war die GmbH beteiligt. Außerdem bewirtschafteten wir noch die Bauernstube, eine kleine kultige Kneipe, die direkt an den Hotelbetrieb angeschlossen war. Die Bauernstube hatte sich in der Stadt in den letzten Jahren zu einem skurrilen Szenetreff entwickelt. Längst trafen sich dort nicht mehr nur die Zuhälter mit ihren Frauen. An manchen Abenden konnte man dort sogar Opernbesucher antreffen, die dort nach der Vorstellung in der Oper im schummrigen Rotlicht ein letztes Bier tranken. Dann standen Zuhälter in Lederjacken und Opernbesucher in edlen Anzügen gemeinsam mit Bierflaschen in der Hand am Tresen. Wenn es dann mal zwischen einer Prostituierten und einem Zuhälter zu Streitigkeiten wegen der Abrechnung kam, hatten die Ohrfeigen für das Publikum schon etwas von Entertainment. So was kam bei den Gästen immer gut an. Es gab auch Fälle, da gerieten die Prostituierten untereinander in Streit. Das war dann schon gehobene Erlebnisgastronomie. Natürlich griff von den

Anzugträgern niemals jemand ein. Man schaute weg und beobachtete die Szene nur verstohlen aus einem Augenwinkel.

Das meiste Geld verdienten wir aber über die Jahre mit dem Bordellbetrieb. Hier flossen größere Summen und die zumeist in Form von Bargeld. Der Bordellbetrieb war an 365 Tagen im Jahr rund um die Uhr geöffnet.

Die GmbH war Eigentümerin des Grundstücks und des Gebäudes. Rico und ich hatten jeweils 50 Prozent Anteile an der GmbH und waren beide zudem Geschäftsführer.

In dieser Konstruktion betrieben wir unser Geschäft schon seit einigen Jahren recht erfolgreich und vor allem miteinander sehr einvernehmlich. In all den Jahren war es zwischen uns nie zu ernsthaften Auseinandersetzungen gekommen. Dabei waren wir nie richtige Freunde gewesen. Wir vertrauten einander als Geschäftspartner und wussten gegenseitig, dass auf den anderen Verlass war.

Wir waren zudem stets darauf bedacht, unser Haus frei von der üblichen Rotlichtkriminalität zu halten. Unsere Security sorgte rund um die Uhr dafür, dass keine Drogen bei uns gehandelt wurden und wir versuchten zudem den Drogenkonsum so weit wie möglich einzuschränken. Unsere Security sorgte ebenfalls dafür, dass im Haus regelmäßig die Gäste und Zuhälter nach Waffen kontrolliert wurden. Dazu hatten wir an den Ein- und Ausgängen Kontrollbereiche eingerichtet. Außerdem verfügten wir natürlich über eine hochmoderne Videoüberwachung. Von unserer Zentrale aus hatten wir jeden Winkel im Blick. Wahrscheinlich verstießen wir damit gegen so ziemlich jede gesetzliche Datenschutzregelung. Selbstverständlich löschten wir ganz besonders interessante Aufnahmen nicht, sondern archivierten sie.

Bei den Frauen achteten wir zudem lückenlos auf die Volljährigkeit sowie einen legalen Aufenthaltsstatus bei ausländischen Frauen.

Das alles führte dazu, dass die Polizei nicht dauernd bei uns auf der Matte stand und in unserem Haus die Geschäfte ruhig gemacht werden konnten.

Rico und ich hatten zwar weder Abitur noch eine sonstige Ausbildung, wenn es aber um das Milieu und unser Geschäft ging, waren wir Spezialisten mit jahrzehntelanger Erfahrung. Ich selbst verdiente mein Geld seit über dreißig Jahren im Milieu. Ich hatte damals damit angefangen, als ich von der Schule flog. Damals war ich noch nicht mal volljährig. Wie Rico habe auch ich mich im Milieu hochgekämpft, ohne es aber wirklich jemals verlassen zu haben. Dabei hatte ich als ich jung war vorgehabt das Milieu irgendwann wieder zu verlassen und in der »richtigen« Welt ein großer Geschäftsmann zu werden. Das hatte aber leider nicht geklappt.

Jetzt, mit knapp über fünfzig, war ich im Milieu aber zumindest kein abgehalfterter Lude, sondern als Geschäftsführer ein erfolgreicher Unternehmer in der Branche. Über die Jahre hatte ich auch gelernt, mit dem Finanzamt richtig umzugehen. In der ersten Zeit verdiente ich fast mein gesamtes Geld im Milieu schwarz. Das änderte sich aber. Spätestens seit der Gründung der GmbH und dem Erwerb des Grundstücks war Schluss damit. Wir kümmerten uns penibel um die Erledigung unserer steuerlichen Pflichten und zahlten regelmäßig die fälligen Steuern und Abgaben. Auch unsere Buchhaltung wurde stets aktuell und weitestgehend lückenlos erledigt.

Das war nicht immer ganz leicht, da in unserem Geschäft nicht immer mit Rechnungen, Quittungen und Überweisungen gearbeitet werden konnte. Viele Geschäfte wurden bar und mit Handschlag abgewickelt. Oft wechselte dabei Schwarzgeld schwarz von einer Hand in die andere.

Da weder Rico noch ich irgendetwas von Finanzbuchhaltung verstanden, hatten wir damit die Kanzlei von Dr. Müller beauftragt. Das war zwar nicht ganz billig, aber für uns bequem und vor allem sicher. Wir ließen nur einmal in der Woche einen »Schuhkarton« mit Belegen in die Kanzlei bringen und mussten uns sonst um fast nichts mehr kümmern. Es gab für uns in der Kanzlei bereits eine feste Ansprechpartnerin, die unser Geschäft auch schon gut kannte, zumindest was die offiziellen Zahlen betraf. Wir hatten in der GmbH ebenfalls eine verlässliche Mitarbeiterin, die unsere Buchhaltung betreute und eng mit der Kanzlei zusammenarbeitete.

Weil die Zusammenarbeit mit der Kanzlei sich über viele Jahre gut bewährt hatte, kümmerte man sich dort auch um meine privaten steuerlichen Angelegenheiten. Gerade die waren in den letzten Jahren viel komplizierter geworden.

Rico und mir blieben somit der lästige Papierkram und das Ausfüllen unverständlicher Formulare erspart und wir konnten uns vollständig auf den operativen Teil des Geschäftes konzentrieren. Das war schon schwierig genug. Gerade in den letzten Jahren hatte sich das Geschäft durch die unterschiedlichsten Einflüsse massiv verändert. So mussten wir nicht nur lernen mit den Möglichkeiten des Internets umzugehen, sondern uns auch mit neuen »Marktteilnehmern« aus Osteuropa auseinandersetzen. Von dort drängten nicht nur die Frauen und ihre Zuhälter ins Geschäft. Insgesamt hatte sich die Konkurrenzsituation in den letzten Jahren deutlich verschärft. Wir hatten es bei uns in der Stadt mit zahlreichen Etagenbordellen zu tun, die uns zu schaffen machten.

Außerdem hatten sich in den letzten Jahren die Wünsche und das Konsumverhalten der Kundschaft geändert. Auch damit mussten wir lernen, umzugehen.

Es gab für uns aber all die Jahre keinen Grund zur Beschwerde. Wir schafften es, uns laufend an die sich verändernden Marktbedingungen anzupassen. Das gelang uns sogar besser als vielen anderen an der Küste. Wir konnten unseren Umsatz von Jahr zu Jahr leicht steigern und auch der Gewinn konnte damit Schritt halten. Das alles gelang uns, obwohl die Preise, die an der Küste durchgesetzt werden konnten, in den letzten Jahren stagnierten oder sogar leicht rückläufig waren. Wir kamen dann klar und nutzten die Möglichkeiten, die uns die Globalisierung und die neuen Technologien boten.

Rico formulierte unsere Situation einmal passend wie folgt:

»Was Globalisierung und ein gemeinsamer Binnenmarkt bedeuten, das erleben wir hier jede Nacht und jeden Tag. Unser Puff steht in Deutschland. Die Frauen kommen meistens aus Osteuropa oder Südamerika. In Schuss gehalten wird das Gebäude von Schwarzarbeitern aus Polen. Die Drecksarbeit und das Putzen erledigen Frauen vom Balkan. Unsere gesamte Technik kommt aus China. Der Schampus kommt aus Frankreich, die goldenen Uhren aus der Schweiz und der Koks aus Kolumbien. Unsere meisten Kunden sind Touristen aus Skandinavien. Das einzige, was hier noch »Made in Germany« ist, sind die Kondome und unsere Kutschen auf dem Hof. Und das wird auch so bleiben.« Auch zum Thema »technologischer Fortschritt« hatte Rico eine klare Meinung.

Rico:

»Das Internet ist überhaupt nur so schnell gewachsen und groß geworden, weil es die Pornographie gibt. Ich möchte gar nicht wissen, wie viel Prozent des Internettraffics über pornographische Angebote laufen. Das muss immens sein. Über Handys und den ganzen Kram kann sich die Branche auch nicht beschweren. Mit dem ganzen Krempel ist das Geschäft für Schlepper, Zuhälter und Nutten viel einfacher geworden. Ich kann mir das Arbeiten im Milieu ohne Handy gar nicht mehr vorstellen.«

Es war aber auch schon wieder ein paar Jahre her, dass Rico mir das so gesagt hatte. Ich konnte mich aber noch gut daran erinnern. Ich muss noch erwähnen, dass Rico im Januar 2011 bei einem Unfall verstarb. Auf die sich daraus ergebenden Konsequenzen werde ich später eingehen. Bei dem Gespräch mit Dr. Müller ging es an diesem Tag jedoch nicht darum. Zu diesem Zeitpunkt waren alle diesbezüglichen Fragen bereits geklärt. Vor allem die Geschäfte liefen ungestört weiter. In seinem exklusiven, aber auch etwas altmodisch möblierten Büro, saß ich Herrn Dr. Müller an diesem Nachmittag am Schreibtisch gegenüber. Dr. Müller blätterte in meiner Akte noch mal schnell die Post der letzten Zeit durch und warf auch noch einen Blick auf seinen Bildschirm. Er schien aber keinen aktuellen Anlass für meinen Besuch zu finden.

Dr. Müller:

»Aktuell ist ja alles im grünen Bereich. Es ist aber schön, Sie mal wieder persönlich zu sehen. Es ist ja schon wieder eine ganze Weile her. Sind Sie über die Ostertage bei uns in der Stadt zu Besuch?«

Matthias Braunmar:

»Ja, aber dieses Mal bleibe ich etwas länger als nur ein paar Tage. Meine Frage ist auch eher von genereller Art und hat mit dem täglichen Geschäft nichts zu tun.«

Dr. Müller:

»Was liegt denn an? Wollen Sie etwa ihre Gesellschaftsform ändern, eine AG gründen und an die Börse gehen?«

Dabei grinste er. Er hatte wohl gerade versucht einen Witz zu machen. Mir war aber nicht zum Lachen zumute und ich schaute ihn nur finster an.

Matthias Braunmar:

»Nein.«

Die Botschaft kam an. Dr. Müller bemerkte sofort, dass er den falschen Ton angeschlagen hatte. Er rückte seinen Bürosessel etwas näher an den Schreibtisch und wechselte von einer bequemen in eine sehr gerade und formelle Sitzposition.

Ich muss dazu noch erwähnen, dass seine nicht ganz ernst gemeinte Frage eine Anspielung auf einen Vorfall aus meiner Vergangenheit war. Es gab nämlich tatsächlich einmal den Versuch unser Unternehmen in eine Aktiengesellschaft umzuwandeln und an die Börse zu bringen. Das war damals schon nicht meine Idee, sondern die von Rico. Um das zu verstehen, muss man sich an die Zeiten vom »Neuen Markt« erinnern. Rico war damals davon derart elektrisiert, dass er davon träumte, aus unserem »Puff« einen börsennotierten Entertainmentkonzern zu schmieden. Eingeredet hatte ihm das damals sein sogenannter »Bankberater«. Der träumte nämlich davon, endlich mal ein Geschäft von Bedeutung machen zu können und das »Going Public« zu begleiten. Angesichts der scheinbar möglichen Millionen blieb ich zwar skeptisch, ließ mich aber überreden und beteiligte mich sogar an den Planungen und Vorbereitungen.

Dr. Müller blieb damals aber nicht nur skeptisch, sondern riet uns offen und ehrlich davon ab.

Dr. Müller (damals):

»Die Gründung einer Aktiengesellschaft und später vielleicht sogar das Emittieren von Aktien sind teure Angelegenheiten. Ihre Geschäfte laufen zwar gut, aber vom Geschäftsumfang sind Sie mit einer GmbH bestens aufgehoben. Alles Andere würde erstmal nur mit höheren Kosten verbunden sein. Kosten, die dann auch dauerhaft höher bestehen bleiben würden.«

Das konnte aber Rico damals nicht von seinen Plänen abhalten. Und auch sein Bankberater hatte dazu eine eindeutige Meinung.

Bankberater (damals):

»Dass Ihnen Dr. Müller abrät, ist doch klar. Seien Sie doch mal ehrlich. Er mag ein kluger Mann sein, aber derartige Geschäfte sind eindeutig eine Nummer zu groß für ihn. Dessen Metier sind doch eher die kleinen Dinge. Wenn Sie eine Gastwirtschaft betreiben oder einen Kiosk, dann sind Sie bei ihm richtig. Für große Geschäfte bringt seine Kanzlei gar nicht die notwendigen Voraussetzungen mit. Ich rate Ihnen, die Steuerberatung in Ihrem Unternehmen generell zu überdenken und strategisch neu auszurichten. Sie müssen sich organisatorisch neu aufstellen und ihren Kurs auf Wachstum einstellen. Ich denke mir, bei einer großen Steuerberatungsgesellschaft mit Know-How und Präsenz an den internationalen Kapitalmärkten sind Sie viel besser aufgehoben. Ich stelle gerne den Kontakt her.«

Es fanden dann auch tatsächlich teure Gespräche mit Unternehmensberatern zu diesem Thema statt und ein Wechsel des Steuerberaters war auch schon geplant. Überhaupt hatten wir bereits zu diesem frühen Zeitpunkt der Gründung horrende Summen an Kosten für Beratung gehabt. Aber auch die konnten Rico nicht von seinen Plänen abhalten. In einem Gespräch sagte mir Rico damals:

»Du musst endlich mal anfangen in größeren Dimensionen zu planen. Klar kostet das alles im Moment viel Geld, aber allein durch die Ausgabe der Aktien werden wir ungefähr 15 Millionen einnehmen. Und außerdem kommen wir so zu einem dicken Aktienpaket. Du wirst sehen, der Aktienkurs wird dann auch noch explodieren. Dann geht es uns nicht nur gut, dann werden wir beide reich. So eine Chance hat man nur einmal im Leben. Außerdem werden wir dann Vorstandsmitglieder eines börsennotierten Unternehmens. Besser geht es nun wirklich nicht. Das klingt doch besser als Geschäftsführer einer GmbH. Das klingt doch so nach Fischbrötchenbude.«

Damals hatte Rico schon einige zehntausend DM für den zukünftigen Unternehmensauftritt und das Image bei einer Werbeagentur ausgegeben. Er benutzte bereits Visitenkarten mit der »Amtsbezeichnung« Sprecher des Vorstands.

Rico (damals):

»Wir müssen uns auch schon überlegen, wen wir in den Aufsichtsrat berufen. Wir brauchen einen Showstar, nichts aus der Provinz, sondern eine Größe, die man aus dem Fernsehen kennt. Dann noch zwei oder drei aus der Wirtschaft. Einen von der Bank und einen Professor wäre auch gut. Und am besten dann noch einen Politiker.«

Über unser damaliges Projekt berichteten sogar schon die regionale Presse und auch der lokale Rundfunk. Während ich die Öffentlichkeit eher scheute, ließen sich Rico und dessen Bankberater gerne fotografieren und interviewen. Mit der Gründung der AG schien die Stadt an wirtschaftlichem Glanz zu gewinnen. Die Berichterstattung in den Medien war daher stets wohlwollend und sogar euphorisch. Dabei bestanden die Bedenken von Dr. Müller durchaus zu Recht.

Zum Glück kam es dann doch nicht dazu, dass dieses Projekt in die Realität umgesetzt wurde. Die Blase am »Neuen Markt« zerplatzte und behütete uns davor, noch mehr Geld in den Sand zu setzen. Wir hatten zwar bereits über einhunderttausend DM in die Geschichte investiert, die jetzt weg waren, aber zumindest noch nicht Kopf und Kragen riskiert. So kamen wir mit einem blauen Auge aus der Geschichte heraus.

Am Ende ging alles ganz schnell. Rico, der nicht nur die Gründung einer eigenen Aktiengesellschaft vorangetrieben hatte, sondern noch selbst in verschiedene Neue-Markt-Werte investiert hatte, sah, wie sein privates Vermögen dahinschmolz und ihm am Ende nur noch ein Haufen aus Schulden und wertlosen Aktien blieb. Sein Bankberater hatte es auch nicht besser getroffen. Auch er hatte sich privat völlig ruiniert und seinem Arbeitgeber einen riesigen Verlust beschert. Außerdem landete er sogar für einige Wochen in Untersuchungshaft, weil an der Unterschlagung von Kundengeldern beteiligt gewesen sein sollte.

Wir zogen für die GmbH damals aber noch rechtzeitig die Reißleine und kamen mit einem blauen Auge davon, ohne dass die Substanz unseres Unternehmens ernsthaft angegriffen worden war. Den Verlust in der GmbH, der durch die hohen Kosten entstanden war, konnten wir locker wegstecken.

Ich für meinen Fall hatte aus der Geschichte gelernt. Fortan ging ich jeder Form von Vermögensberatung strikt und konsequent aus dem Weg. Das Geschwätz der Bankberater interessierte mich auch nicht mehr. Renditen und jegliche Anlageprodukte waren mir fortan egal. Ich legte mein Geld maximal als Tagesgeld an. Alles andere war für mich tabu. Bei der Geldanlage interessierte mich nur noch die Sicherheit. Das ist bis zum heutigen Tag so geblieben. Diese Einstellung bewahrte mich vor einigem Ungemach und ich denke auch heute noch nicht daran, sie zu ändern. Hauptsächlich wurde ich aber damals zu einem treuen Freund des Bargeldes.

Was mich damals so sehr beeindruckte, war, dass nicht nur wir und die anderen Kunden der Bank viel Geld verloren. Vielmehr ließen auch die Banken selbst und vor allem deren Mitarbeiter ordentlich Federn. So gut konnte es also um deren analytische Fähigkeiten nicht stehen.

Ricos Lernkurve war flacher. Kaum hatte er sich finanziell wieder einigermaßen berappelt, spekulierte und verlor er weiter. Später wurden seine Transaktionen sogar noch riskanter und er stieg auf Finanzderivate um. Letztlich endete es für ihn in einer finanziellen Katastrophe. Davon blieben aber ich und auch die GmbH weitestgehend verschont, wenn auch die GmbH später zumindest indirekt mitbetroffen war, als Ricos Anteile gepfändet wurden. Letztlich war ich es damals, der diese Situation nicht ausnutzte, um ihn aus dem Geschäft zu drängen, sondern sogar mit viel Geld half, wieder auf die Beine zu kommen. Das war aber nicht pure Nächstenliebe, die mich dazu bewegte, sondern die Einsicht, dass ich mit ihm gut gemeinsam die GmbH betreiben konnte. Das alles war aber im Jahr 2012 schon mehr als ein Jahrzehnt her und das alles war schon längst kein Thema mehr. Zurück zum Scherz von Dr. Müller aus dem April 2012.

Dr. Müller:

»Ja, das war mir schon klar. Ich dachte nur gerade an damals, als ich Ihre Unterlagen noch einmal durchguckte. Das sind die Unterlagen eines turbulenten Jahrzehnts.«

Matthias Braunmar:

»Finden Sie?«

Dr. Müller:

»Ich meinte eher das Jahrzehnt mit allen seinen Verwerfungen und nicht so sehr Ihr persönliches und das Ihres Unternehmens. Obwohl Sie doch selbst quasi im Epizentrum der Unruhen leben.«

Matthias Braunmar:

»Ja, das stimmt. Aber wie haben Sie das gemeint? Ich halte mich eigentlich für einen konservativen Geschäftsmann und in den letzten Jahren ist doch eigentlich nichts Spektakuläres vorgefallen.«

Dr. Müller:

»Das stimmt. Es läuft alles in seinen ruhigen Bahnen. Ihr Geschäft scheint ja auch in allen Krisen Konjunktur zu haben. Die Menschen wollen eben Zerstreuung. Ich meine auch eher Ihren Geschäftspartner. Herr ******* hat ja immer wieder mal in der Gesellschaft für Turbulenzen gesorgt. Außerdem sind Sie für mich auch ein ganz spezieller Kunde. Sie sind sogar der einzige meiner Kunden, der in Griechenland lebt und auch dort veranlagt wird. Das ist auch in Zeiten der EU und der Globalisierung schon etwas Besonderes.«

Matthias Braunmar:

»Sie haben Recht. Bei uns hatten Sie es nie mit ganz normalen Klienten zutun. Ich bin aber sehr zufrieden und froh, dass wir Sie damals als Steuerberater gefunden haben.«

Dr. Müller:

»Vielen Dank. Ich denke, gemeinsam können wir auf viele Jahre erfolgreiche Zusammenarbeit zurückblicken.«

Matthias Braunmar:

»Ja, das sehe ich auch so und das soll sich auch in Zukunft nicht ändern.«

Dr. Müller:

»Und was kann ich nun heute für Sie tun?«

Matthias Braunmar:

»Ich will gar nicht lange um den heißen Brei herumreden. Ich möchte eine Selbstanzeige stellen. Das heißt, ich möchte, dass Sie für mich beim Finanzamt eine Selbstanzeige machen.«

Dr. Müller schaute mich überrascht an und sagte eine Weile nichts. Dann schien er sich sortiert zu haben.

Dr. Müller:

»Gut, das ist aber nichts, was man unüberlegt machen sollte. Das müssen wir ausführlich besprechen. Das Wichtigste als Erstes: Haben Sie bereits Kenntnis davon, dass die Steuerfahndung auf Sie aufmerksam geworden ist?«

Matthias Braunmar:
»Nein, hierfür gibt es keine Anzeichen.«
Dr. Müller:
»Das ist gut. Dann wäre meine zweite Frage: Haben Sie schon mit jemandem darüber gesprochen? Oder haben Sie vielleicht sogar schon etwas an das Finanzamt geschickt?«
Matthias Braunmar:
»Nein, ich habe noch mit niemandem darüber gesprochen. Ich habe nichts an das Finanzamt geschickt. Sie sind der Erste, mit dem ich darüber rede.«
Dr. Müller:
»Das ist auch sehr gut. Alles andere wäre unter Umständen auch nachteilig für Sie gewesen. Und jetzt sage ich Ihnen das Allerwichtigste. Etwas, das Sie unbedingt beherzigen müssen.«
Dr. Müller legte eine kurze Pause ein.
Matthias Braunmar:
»Und was wäre das?«
Dr. Müller:
»Sie reden mit niemandem über dieses Thema außer mit mir. Sie schreiben nichts ans Finanzamt und beantworten ohne mich auch dort keine einzige Frage. Und das Allerwichtigste ist, dass Sie in diesem Zusammenhang niemals von einer Selbstanzeige reden. Ich werde, nachdem Sie mich umfassend aufgeklärt haben, die entsprechenden Schriftsätze verfassen. Aber auch dann geht es nicht um eine Selbstanzeige, sondern lediglich um die Berichtigung von abgegebenen Steuererklärungen. So und jetzt erläutern Sie mir bitte das gesamte Geschehen. Das wird aber seine Zeit dauern. Ich habe keine Anschlusstermine und hoffe, dass auch Sie nichts mehr heute Abend vorhaben. Es wird nämlich spät werden. Sie haben bestimmt vorab erstmal einige Fragen zu dem Thema. Ich schlage vor, dass ich Ihnen zuerst einmal Ihre Fragen beantworte und Ihnen das Procedere erläutere. Dann entscheiden wir anhand Ihrer Daten und der konkreten Situation, wie wir weiter vorgehen sollen. Schließlich möchten wir nicht mit Kanonen auf Spatzen schießen. Also, bevor es nun richtig losgeht, erklären Sie mir bitte in kurzen Worten, warum Sie diesen Schritt für notwendig erachten? Geht es um die Gesellschaft oder geht es um Ihre privaten Angelegenheiten?«
Ich kam nicht dazu, die Frage zu beantworten. Herr Dr. Müller schlug vor im Besprechungsraum weiterzumachen. Dr. Müller führte mich in einen kleinen Besprechungsraum. Dabei gingen wir durch sein Vorzimmer. Dr. Müller sprach dabei eine seiner Mitarbeiterinnen an.
Dr. Müller:
»Frau Brede, das Gespräch mit Herrn Braunmar wird wahrscheinlich doch länger brauchen. Wir machen im Besprechungszimmer weiter. Bringen Sie uns bitte auf einem Rolltisch die gesamten Unterlagen rüber. Und

dann habe ich noch ein ganz besonderes Anliegen an Sie.«

Frau Brede:

»Und was wäre das für ein Anliegen?«

Dr. Müller:

»Sie kennen sich doch am besten mit den steuerlichen Gegebenheiten von Herrn Braunmar aus. Es wäre daher schön, wenn Sie später hinzukommen könnten.«

Frau Brede:

»Ja, dass mache ich natürlich gerne.«

Dabei lächelte Frau Brede freundlich.

Dr. Müller:

»Es ist aber so, dass es sehr spät werden könnte. Ich gehe sogar sicher davon aus.«

Frau Brede:

»Das ist kein Problem. Auf mich wartet heute zu Hause sowieso nur meine Katze. Aber wenn ich den letzten Bus nicht mehr bekomme, dann bezahlt die Firma das Taxi.«

Dr. Müller:

»Das ist selbstverständlich. Außerdem werden Ihnen natürlich die Überstunden entsprechend vergütet.«

Frau Brede:

»Na, dann koche ich schon mal frischen Kaffee und gucke mal, ob wir noch ein paar Kekse haben.«

Ich kannte Frau Brede schon seit vielen Jahren. Sie war ungefähr in meinem Alter und sehr engagiert bei der Arbeit. Eine echte »Perle«.

Matthias Braunmar:

»Verehrte Frau Brede. Ich mache jetzt auch mal einen Vorschlag. Schließlich bin ich die Ursache für die ganzen Unpässlichkeiten. Kümmern Sie sich mal um nichts. Ich werde schnell für uns ein kleines, aber feines Catering organisieren.«

Wir gingen dann in das Besprechungszimmer. Nach einer halben Stunde kam dann auch Frau Brede dazu. Ich hatte telefonisch Essen und Getränke organisieren lassen und dabei weder Mühe noch Kosten gescheut. Es ging dann auch sehr schnell und wir hatten ein kleines, aber sehr hochwertiges Sushi-Buffet in der Kanzlei.

In den folgenden Stunden rauchten dann die Köpfe.

§ 371 Abgabenordnung (AO)

Dr. Müller:
»So, jetzt sagen Sie mir, warum Sie meinen, beim Finanzamt reinen Tisch machen zu müssen. Schließlich sollte man es sich gut überlegen, bevor man schlafende Hunde weckt. Kann man ihre Daten auf irgendeiner Steuer-CD aus der Schweiz oder Liechtenstein finden? Ich frage Sie ganz offen: Haben Sie ein Konto mit Schwarzgeld in Luxembourg, Liechtenstein oder der Schweiz?«

Matthias Braunmar:
»Nein, das habe ich nicht. Ich habe nicht einen Cent dort.«

Dr. Müller:
»Das ist doch schon mal eine gute Nachricht. Es können also keine Gelder auftauchen, die sich auf einem Ihrer Konten oder einem Konto der GmbH in der Schweiz oder einem anderen dieser Steuerparadiese befinden?«

Matthias Braunmar:
»Nein, es existieren keine derartigen Konten. Es geht vielmehr um meinen Wohnort.«

Dr. Müller:
»Dann sagen Sie mir doch bitte, worum es eigentlich geht, damit ich ungefähr einschätzen kann, was zu tun ist.«

Herr Dr. Müller schaute, während er mit mir sprach, andauernd in die bereitstehenden Unterlagen.

Dr. Müller:
»Sie haben im Jahr 2002 Ihren Wohnsitz ins Ausland verlegt. Ich kann mich an diesen Vorgang genau erinnern. Soweit ich es hier aus den Akten ersehen kann, lief es damals völlig problemlos. Wie ich hier sehe, hatten wir die Dinge damals ausführlich besprochen und Sie hatten sich an die von mir vorgeschlagenen Regelungen gehalten. Sie hatten damals Ihren Wohnsitz in der Stadt aufgegeben. Sie hatten Ihre Wohnung aufgelöst und den Mietvertrag gekündigt. Gut, eine Familie in dem Sinne, dass sie hätte mit Ihnen ziehen müssen, gab es nicht. So, wie es mir bekannt ist, sind Sie dann in den letzten Jahren nur noch gelegentlich nach Deutschland eingereist. In keinem Fall haben Sie sich pro Jahr mehr als 183 Tage in Deutschland aufgehalten. Zumindest haben Sie mir das so erklärt. So, wie sich mir die Aktenlage darstellt, waren Sie überhaupt sogar nur sporadisch in Deutschland. Ihre Geschäfte haben Sie aus Griechenland getätigt. Zwar waren Sie hier noch Geschäftsführer, aber auch daraus kann nicht geschlossen werden,

dass Sie sich häufig in Deutschland aufgehalten haben. Soweit Sie mit uns kommuniziert haben, haben wir Sie in Griechenland angerufen. Wir haben auch alle Unterlagen stets an Ihre griechische Anschrift gesendet. Außerdem ergäbe eine Wohnsitzverlegung zum Schein nach Griechenland überhaupt keinen Sinn. Die Abgabenlast dort dürfte tendenziell sogar eher noch höher sein. Es sind wohl eher die Griechen, die ihren Wohnsitz ins Ausland verlegen, um Steuern zu sparen. Ganz abgesehen davon, dass Sie ja unstrittig in Griechenland veranlagt werden müssen, spielen Ungereimtheiten dort für Sie, hier in Deutschland keine Rolle. Wenn Sie also Ärger mit dem griechischen Finanzamt haben, dann wird Sie in Deutschland niemand behelligen. Ich würde Ihnen dann nur raten, soweit Sie die Dinge nicht klären können, Griechenland zukünftig zu meiden. Ich hatte es damals auch so verstanden, dass ein Umzug nach Griechenland nicht steuerlich motiviert war. Soweit Unklarheiten mit den griechischen Behörden bestehen, können wir die problemlos von hier aus bearbeiten. Ich würde aber dann dafür einen Kollegen vor Ort hinzuziehen. Aber wie gesagt, Sie können erstmal unbehelligt in Deutschland bleiben.«

Matthias Braunmar:

»Herr Dr. Müller, es ist so, dass ich in den vergangenen Jahren zwar in Griechenland gemeldet und auch steuerlich registriert war, aber mich tatsächlich dort nur sehr sporadisch aufgehalten habe. Die meiste Zeit war ich in Deutschland. Zwar nicht unbedingt hier in der Stadt, sondern meistens in Berlin, wo ich seit geraumer Zeit ebenfalls geschäftlich tätig bin.«

Dr. Müller:

»Gut, wenn sich die Sache so verhält, dann besteht tatsächlich Handlungsbedarf. Ich erkenne nur die Sinnhaftigkeit nicht, da Griechenland ja nicht gerade für seine niedrigen Steuersätze bekannt ist. Ich kenne überhaupt keinen Fall wie den ihrigen. Normalerweise werden Wohnsitze zum Schein in Ländern gewählt, die viel niedrigere Steuersätze bieten. In Europa denke ich da beispielsweise an Monaco oder Zug in der Schweiz und wenn es weiter weg gehen sollte, an die Karibikstaaten. Griechenland ist mir als Steueroase bisher völlig unbekannt gewesen. Das müssen Sie mir erklären.«

Das tat ich nicht. Stattdessen schwieg ich an dieser Stelle. Es war tatsächlich so, dass Griechenland für einen Scheinwohnsitz aus steuerlichen Gründen gänzlich ungeeignet erscheinen musste. Die offiziellen Steuersätze waren hoch und es gab zudem für wirklich alles und jeden Anlass eine Extrasteuer. Das war zumindest die offizielle Betrachtungsweise. In der griechischen Realität verhielt es sich alles ganz anders. Zwar waren die Steuersätze hoch, für mich und viele andere waren diese Steuersätze aber überhaupt nicht relevant. Wie bei vielen anderen, wurden bei mir die fälligen Steuern überhaupt nicht berechnet, sondern irgendwie geschätzt. Man musste auch nicht befürchten, dass irgendetwas von irgendjemand irgendwann kontrolliert werden würde. Eigentlich konnte man in Griechenland dem Finanzamt schicken, was man wollte. Relevanz schien nur das zu haben, was der Steuerberater für einen beim Finanzamt vereinbart. Ich hatte einen sehr guten Steuerberater. Er hatte sehr gute Kontakte in das Finanzamt. Und daher konnte ich lange in Griechenland leben, ohne dass ich hohe Steuern zahlen musste. Wie das alles genau funktionierte, werde ich Ihnen später in diesem Buch erläutern.

Mit dem allen sollte aber Schluss sein. In Griechenland war vieles in Bewegung geraten und die Lage wurde für mich zunehmend unkalkulierbar.

Ich hatte mir daher fest vorgenommen, alles auszupacken und wirklich reinen Tisch zu machen. Mit den Steuerbetrügereien wollte ich Schluss machen. Zukünftig wollte ich steuerehrlich sein und mich vor allen Dingen in Ruhe in Deutschland aufhalten können. Es war mir bisher zwar niemand auf die Schliche gekommen, ich sah mich trotzdem immer einer gewissen Gefahr ausgesetzt, denunziert zu werden und aufzufliegen. Damit sollte jetzt Schluss sein und ich war auch bereit dafür zu bezahlen. Außerdem fing ich an, mir ernsthafte Sorgen über meinen weiteren Status in Griechenland zu machen. Dort hatte sich in letzter Zeit vieles verändert. Ich rechnete zwar nicht damit, dass in Griechenland die Steuerverwaltung zukünftig besser funktionieren und mir auf die Schliche kommen würde. Vielmehr befürchtete ich, ein Opfer von behördlicher Willkür zu werden. Diese Sorge war nicht ganz aus der Luft gegriffen. Gerade weil es den griechischen Behörden nicht gelang, die Steuern systematisch zu erfassen, hörte ich von griechischen Freunden immer wieder von willkürlichen Schätzungen und ungerechtfertigten Maßnahmen. In diesen Strudel wollte ich nicht geraten. Was das im Einzelnen bedeutete, erläutere ich Ihnen detailliert später in diesem Buch. Auch war es nicht so, dass ich plante, zukünftig ein braver Bürger zu werden. Ich wollte bleiben, was ich war, denn mir war klar, dass es für mich bereits zu spät war, mich noch einmal grundlegend neu zu orientieren. Schon damals hielt ich mich oft in Spanien auf. Ich war sogar an einer Internetgesellschaft mit Sitz in Gibraltar beteiligt. Das alles hatte aber mit Steuern nichts zu tun. Nach Spanien verschlug mich damals die Liebe zu einer Frau und Gibraltar wählte ich als Standort für meine Internetplattform einzig und allein aus rechtlichen Gründen. Meinen Wohnsitz wollte ich aber für die Zukunft in Deutschland nehmen und dort mein Einkommen ordnungsgemäß versteuern. Das sollte dann auch für alle Einnahmen, also auch die aus Gibraltar, gelten. Die Zeit der Scheinwohnsitze sollte für mich Vergangenheit sein.

Meine Offenheit gegenüber meinem Steuerberater sollte aber auch ihre Grenzen haben. Ich wollte nicht wirklich alles preisgeben, sondern nur die Dinge, die ich als für mich gefährlich betrachtete. In keinem Fall wollte ich außerdem Dritte durch meine Äußerungen und Offenlegung hineinziehen oder gar verraten. Darum erfuhr Herr Dr. Müller in diesem Gespräch auch nicht alles, sondern nur das, was ich für notwendig und ausreichend hielt.

Ihnen werde ich in diesem Buch die gesamte Geschichte erzählen. Aber auch in diesem Buch werde ich niemanden verraten. Alle Orte, Bezeichnungen, Namen und Zeitangaben wurden daher so von mir überarbeitet, dass es nicht möglich ist, sie bestimmten Personen oder Ereignissen zuzuordnen. Da sollten sogar die cleveren Jungs von der deutschen Steuerfahndung Probleme haben, die Dinge Personen zuordnen zu können.

Das alles gilt natürlich nicht für politische und wirtschaftliche Geschehnisse und Zahlenangaben, auf die ich in diesem Buch eingehen werde. Diese entsprechen leider den Realitäten und wurden sorgfältig auf Validität geprüft. Ich habe diese Passagen von einem befreundeten Wirtschaftsjournalisten gegenlesen lassen.

Matthias Braunmar:

»Im Nachhinein weiß ich auch nicht mehr, was mich damals geritten hat. Wahrscheinlich war es einfach nur die Gier und der Wunsch einen Teil meines Vermögens in Sicherheit zu bringen. Richtig ist jedenfalls, dass ich eigentlich in Deutschland hätte veranlagt werden müssen. Ich bitte Sie jetzt dies zu tun, wie auch immer Sie diesen Vorgang bezeichnen.«

Dr. Müller:

»Haben Sie denn das Gefühl, dass Ihnen jemand auf die Schliche gekommen ist?«

Matthias Braunmar:

»Nein, das kann ich definitiv ausschließen. Ich habe stets alle Spuren verwischt.«

Dr. Müller:

»Ich fasse den Tatbestand jetzt mal mit meinen Worten zusammen. Frau Brede, Sie schreiben bitte mit. Herr Braunmar, Sie unterbrechen mich, wenn ich etwas falsch diktiere. Also: Gegenüber dem Finanzamt haben Sie im Jahr 2002 erklärt, Ihren Wohnsitz nach Griechenland verlegt zu haben. Sie waren aber weiterhin Geschäftsführer der *******GmbH mit Sitz in Deutschland. Dementsprechend wurden Sie dann auch entsprechend steuerlich veranlagt. Tatsächlich war es aber so, dass Sie sich während des gesamten Zeitraums überwiegend in Deutschland aufgehalten haben. Trifft das für jedes einzelne Jahr zu?«

Matthias Braunmar:

»Ja, das trifft für jedes einzelne Jahr zu. In Griechenland selbst war ich seltener als ein gewöhnlicher Pauschaltourist.«

Dr. Müller:

»Dann müssen Sie mir kurz erklären, warum wir Sie immer in Griechenland unter Ihrer Festnetznummer erreicht haben und warum Sie immer so zeitnah auf unsere Schreiben, die wir Ihnen nach Griechenland geschickt haben, reagiert haben.«

Matthias Braunmar:

»Ich hatte in Griechenland eine Wohnung angemietet. Dort bin ich auch gemeldet. Dort gibt es auch einen Verwalter, der sich für mich um alles kümmert. Die Telefonate gingen bei mir in der Wohnung ein. Von dort wurden die Telefonate aber ausnahmslos auf mein griechisches Mobiltelefon umgeleitet. So konnte ich sie an jedem Ort der Welt entgegennehmen. Was die Post betrifft, hatte ich ja den Verwalter. Der hat täglich meinen Briefkasten kontrolliert und geleert. Alle Poststücke hat er für mich geöffnet, gescannt und per Email an mich gesandt. So hatte ich auch jederzeit Zugriff auf meine gesamte Korrespondenz. Meine Scanner-Lösung habe ich mir richtig etwas kosten lassen. Der gesamte Vorgang konnte mit nur sehr wenigen Handgriffen durchgeführt werden. Die Dokumente wurden in hoher Qualität und beidseitig gescannt und elektronisch an mich versandt. Außerdem wurden sie in der Wohnung für mich abgelegt.«

Dr. Müller:

»Das müssen Sie mir dann noch im Detail erklären. Ihre Lösung scheint ja besser zu sein als meine Büroorganisation. Ich habe manchmal hier den Eindruck, ich bin schon für niemanden mehr erreichbar, wenn ich nur einmal einen Kaffee trinken gehe. Wenn Sie nun aber die überwiegende Zeit in Deutschland waren, dann müssen Sie doch hier Spuren hinterlassen haben. Beispielsweise bei der Ein- und Ausreise, Flugtickets und wie haben Sie Ihre Übernachtungen organisiert?«

Matthias Braunmar:

»Ich kann mit ziemlicher Sicherheit ausschließen, dass ich in der ganzen Zeit irgendwelche Spuren hinterlassen habe. Ich war ja auch die meiste Zeit nicht hier in der Stadt, sondern in Berlin. Es gibt aus all den Jahren nicht einen Beleg für meine Ein- oder Ausreise nach Deutschland. Wenn ich überhaupt einmal geflogen bin, dann immer von Nachbarländern aus. Eingereist nach Deutschland bin ich immer mit dem Auto, oder auch mal mit der Bahn. An den Grenzen bin ich nicht einmal in eine Kontrolle geraten. Ich habe dafür immer spezielle Grenzübergänge gewählt. Hier in Deutschland habe ich alle Fahrten mit einem Auto, dem Taxi oder dem ICE erledigt. Meine Autos waren Leasingfahrzeuge mit deutschen Kennzeichen. Vertragspartner war die GmbH und ich tauche in den Unterlagen weder als Mieter noch als Fahrer auf. Zum Tanken habe ich nur Bargeld verwendet. Ich habe auch sonst keinerlei Spuren in Deutschland hinterlassen. Wenn ich hier in der Stadt war, habe ich im Hotel übernachtet. Dort habe ich aber ein- und ausgecheckt, ohne mich auszuweisen.«

Dr. Müller:

»Wie haben Sie das denn gemacht?«

Matthias Braunmar:

»So was geht völlig problemlos. Ich kann es Ihnen gerne erklären, vielleicht nutzt es Ihnen irgendwann mal. Da gibt es verschiedene Möglichkeiten. In letzter Zeit habe ich immer folgende Variante gewählt:

Also, als Erstes kaufen Sie sich eine Prepaid-Kreditkarte bei irgendeiner

Tankstelle und laden sie gleich vor Ort bis zum Maximum auf. Ich habe mir immer gleich mehrere Karten gekauft. Natürlich bezahlen Sie die Karten und auch die Aufladungen in bar. Sie müssen die dann nur noch kurz mit einem Handy registrieren und schon können Sie die Karten anonym benutzen.«

Dr. Müller:

»Gut, wenn Sie die Karten mit einem Mobiltelefon registrieren müssen, dann sind Sie ja doch mit der Karte in Verbindung zu bringen. Das hätte mich sonst auch wirklich gewundert. Sonst wäre das fast eine Möglichkeit für Geldwäsche.«

Matthias Braunmar:

»Ja und nein. Sie brauchen zwar ein Handy und eine aktive Simkarte, aber das ist wohl das kleinste Problem. Dafür gehen Sie einfach in einen dieser zahllosen Telefonläden. Nicht einen der offiziellen Shops, sondern eher die von der schummrigen Sorte. Dort können Sie problemlos aktivierte und leere Simkarten kaufen. Zehn Karten bekommen Sie für fünf Euro. Diese Simkarten können Sie dann für die anonyme Registrierung der Kreditkarte verwenden. Das ist alles noch nicht einmal illegal. Sie geben keine falschen Daten an. Für die Geldwäsche ist diese Methode trotzdem nicht zu gebrauchen. Diese Karten sind nämlich in der Guthabenhöhe streng limitiert. In der Regel geht das nur bis monatlich 100 Euro vollständig anonym.«

Dr. Müller:

»Jetzt haben Sie zwar eine Kreditkarte, aber noch nicht in einem Hotel eingecheckt. Wie haben Sie das gemacht?«

Matthias Braunmar:

»Das habe ich dann über das Internet erledigt. Von meinem Laptop aus. Auch wieder ohne Spuren zu hinterlassen. Ich habe dazu einfach irgendeine Simkarte aufgeladen und prepaid einen Internettarif gebucht. Ich habe dann auf einem der gängigen Portale ein Hotel unter falschem Namen gebucht und mit der Kreditkarte reserviert und bezahlt. Ich habe mir aber nur Hotels mit einem automatischen Spät-Check-in ausgesucht. Abends nach 22:00 Uhr habe ich dann mit meiner Kreditkarte am Automaten eingecheckt. Das war es dann schon.«

Frau Brede und Herr Dr. Müller schauten sich fragend an und waren mehr als erstaunt.

Dr. Müller:

»Wenn ich mir das alles so anhöre, dann scheinen Sie sich wirklich sehr vorsichtig und umsichtig verhalten zu haben. Ich verstehe den Sinn zwar immer noch nicht und ich habe einen derartigen Fall auch noch nicht in meiner Kanzlei gehabt, das muss aber kein Nachteil sein. Ganz im Gegenteil. Griechenland hat zwar inzwischen einen sehr schlechten Ruf, wenn es um derartige Dinge geht, zählt aber trotzdem nicht zu den üblichen Verdächtigen, wenn es um Steueroasen für Deutsche geht. Da denken alle an ganz andere Staaten wie neuerdings zum Beispiel auch Zypern. Ich denke mir, dass es doch der richtige Weg ist, uns gegenüber dem Finanzamt zu erklären. Ich werde Ihnen erläutern, wie wir vorgehen sollten:

1. Keine Zeit mehr verstreichen lassen.

Da Sie sicher bereits entschieden haben, diesen Schritt zu gehen, sollten wir umgehend alle Voraussetzungen prüfen, die Schriftsätze fertigen und diese dann unverzüglich dem Finanzamt vorlegen. Wir sollten einerseits keine Zeit mehr verlieren, andererseits trotzdem gewissenhaft vorgehen und uns nicht zu übereilten Kurzschlusshandlungen verleiten lassen.

2. Zuerst die Lage steuerrechtlich und strafrechtlich prüfen.

Ich werde als erstes, den Sachverhalt noch einmal steuerrechtlich bis ins Detail prüfen. Ich muss mir die einzelnen Tatbestände anschauen und beispielsweise die Verjährung prüfen. Eine falsche Erklärung zum jetzigen Zeitpunkt könnte nämlich auch mehr Schaden als Nutzen bringen. Das müssen wir unbedingt vermeiden. Viel Zeit wird es nicht in Anspruch nehmen. Diese Prüfung kann ich heute Abend schon abschließend vornehmen.

3. Der Zeitpunkt.

So, wie es sich mir jetzt darstellt, sind Ihre Taten bislang unentdeckt geblieben. Die Steuerfahndung scheint sich damit noch nicht befasst zu haben. Zumindest haben die sich in dieser Sache bisher weder an mich noch an Sie gewandt. Damit können wir davon ausgehen, dass es noch nicht zu spät ist, die Sache nachträglich zu erklären. Jetzt, wo Sie sich zu diesem Schritt entschlossen haben, sollten wir auch nicht mehr auf die Steuerfahndung warten, sondern unverzüglich loslegen. Aber wie gesagt, ich denke, dass Sie zum richtigen Zeitpunkt gekommen sind.«

4. Vergessen Sie die Bezeichnung Selbstanzeige.

Wie ich es Ihnen schon gesagt habe, sprechen wir nicht von einer Selbstanzeige. Eine Selbstanzeige erweckt immer den Eindruck eines strafbaren Verhaltens. Es ist aus meiner Sicht noch gar nicht geklärt, ob der gesamte Vorgang die Einleitung eines Strafverfahrens nach sich ziehen muss. Ich werde also dem Finanzamt Berichtigungen der bereits eingereichten Steuererklärungen übergeben. Faktisch ist es natürlich eine Selbstanzeige, die verhindern soll, dass es zu einer Bestrafung kommt.

5. Das Schreiben an das Finanzamt.

Wir kommen jetzt zum wichtigsten Punkt des Ganzen. Wir müssen das alles dem Finanzamt erläutern und offenlegen. Gerade dieser Schriftsatz entscheidet maßgeblich über das Gelingen des Ganzen. Hier kann das Ganze theoretisch auch noch scheitern. Sie müssen aber keine Angst haben, wir werden das so verfassen, dass genau das nicht passieren wird. Dazu benötige ich aber Ihre Mithilfe und natürlich auch die von Ihnen, Frau Brede.

Wir müssen in diesem ersten Schreiben die Fehler der Vergangenheit möglichst präzise beschreiben. Dazu sollten wir auch die Summen, die im Raum stehen, möglichst genau angeben. Da, wo das nicht geht, werden wir großzügig schätzen. Auf keinen Fall dürfen wir an dieser Stelle untertreiben. Das könnte eine echte Gefahr sein und dazu führen, dass Strafffreiheit doch nicht gewährt wird. Auf der sicheren Seite sind wir, wenn unsere Angaben, soweit sie von uns geschätzt werden, oberhalb der tatsächlichen Beträge liegen. Wir werden also in unserem ersten Schreiben sehr großzügig sein. Falsch machen können wir damit nichts, denn nach unten hin können wir diese Schätzung nachträglich korrigieren, wenn es uns gelingt, entsprechende Belege beizubringen.

Alle Angaben in diesem Schriftsatz müssen vollständig, wahr und umfassend sein. Wir müssen dem Finanzbeamten die Möglichkeit geben, den Sachverhalt aus unserem Schreiben ersehen zu können. Schließlich soll die tatsächliche steuerliche Situation Grundlage für die korrigierten Steuerbescheide sein. Für Versteckspiele ist es an dieser Stelle zu spät.

6. Unterlagen liefern

Schon mit unserem ersten Anschreiben müssen wir weit über eine bloße Ankündigung hinausgehen. Es sollten mit diesem ersten Anschreiben bereits die wesentlichen Daten und Fakten genau bezeichnet werden. Dabei darf es dann aber nicht bleiben. Zeitnah müssen wir die entsprechenden Vorgänge belegen. Wir brauchen also die entsprechenden Unterlagen und so etwas wie eine ordnungsgemäße Buchführung. In Ihrem Fall sollte uns das gelingen. Wir sollten aber keine Zeit verstreichen lassen, sondern unverzüglich und unaufgefordert liefern.

7. Hosen runter

Es gibt dann aber noch eine Hürde, die wir nicht übersehen dürfen. Eine Straffreiheit gibt es nur für die von uns selbst offen gelegten Steuersünden. Entdecken die Beamten bei der Bearbeitung weitere Ungereimtheiten, dann geht die Steuerfreiheit hierfür nicht. Das müssen wir entsprechend berücksichtigen. Sonst geht der Schuss nach hinten los.

8. Geld

Wenn wir das alles dann richtig machen, gehe ich davon aus, dass wir die geänderten Steuerbescheide für die entsprechenden Jahre bekommen. Dann heißt es für Sie zahlen. Rechnen Sie schon mal mit einem gesalzenen Betrag. Es bleibt nämlich nicht nur bei der reinen Steuerzahlung. Außerdem erhalten Sie nur eine kurze Frist zur Zahlung. Innerhalb dieser Frist sollten Sie diese Zahlung dann auch leisten. Erst wenn von Ihnen gezahlt wurde, ist das Thema soweit abgeschlossen. Mit einer Bestrafung müssen Sie dann nicht mehr rechnen. Das heißt aber auch, dass Sie nicht aus der Nummer raus sind, bevor wirklich alles bezahlt ist. Bei der mutmaßlichen Höhe der Summe ist das obligatorisch.

Das sind die wesentlichen Punkte. Jetzt werden wir erstmal die Verjährung prüfen und dann die Unterlagen für den ersten Schriftsatz zusammenstellen. Es ist mein Ziel, diesen ersten Schriftsatz bereits morgen früh dem Finanzamt persönlich zuzustellen. Das sollte uns auch gelingen.«

Dr. Müller sprach dann auch noch das Thema ausländische Konten an und verlangte hierzu Auskunft.

Dr. Müller:

»Es gibt noch einen weiteren Punkt, den wir nicht unberücksichtigt lassen dürfen. Ich meine das Thema ausländische Geldanlagen. Beziehungsweise generell das Thema Vermögen und Konten. Hier müssen Sie jetzt auch ganz offen sein. Insbesondere die Erträge müssen wir uns anschauen. Gibt es also Konten, gibt es Erträge, die wir ebenfalls erklären müssen?«

Matthias Braunmar:

»Mein Vermögen besteht aus einigen bebauten Grundstücken in Berlin. Dann habe ich noch ein Sparbuch mit einem Guthaben von 140.000 Euro bei einer Bank hier in der Stadt. Erträge fallen da so gut wie keine an. Außerdem werden die sowieso automatisch mit 25 Prozent versteuert. Dann habe ich noch eine Art Girokonto in Griechenland mit einem Guthaben von zirka 3000 Euro. Und dann natürlich noch meinen Anteil an der GmbH. Bei der Sparkasse hier in der Stadt habe ich noch ein Girokonto mit einem Guthaben von zirka 12.000 Euro. Das ist alles.«

Dr. Müller:

»Entschuldigen Sie, dass ich hier noch einmal insistiere. Sie haben oder hatten keine weiteren Konten im Ausland, keine Wertpapiere oder sonstige Erträge?«

Matthias Braunmar:

»Nein.«

Dr. Müller:

»Ich frage so genau, weil so was natürlich eine Zeitbombe sein kann. Derartige Dinge sind immer irgendwo elektronisch erfasst. Wie Sie wissen, finden solche Daten dann auch irgendwie und auf verschlungenen Wegen zum Finanzamt. Das wäre für Sie dann wirklich der Super-Gau!«

Matthias Braunmar:

»Ich traue keiner Bank. Das habe ich nie getan und das werde ich auch nie tun. Ausländischen Banken sowieso nicht. Ich habe außer den erwähnten Immobilien in Berlin keinerlei Vermögen. Ich besitze kein weiteres Konto, keine Wertpapiere oder Aktien. Da können Sie ganz beruhigt sein.«

Dr. Müller:

»Das klingt zwar auch außergewöhnlich, aber wenn Sie es so bestimmt sagen, dann wird es auch so sein. Rückwirkend betrachtet war das wahrscheinlich sogar eine kluge Anlagestrategie. So haben Sie zumindest kein Geld durch Zertifikate, Fonds, Staatsanleihen oder Aktien verloren. Dann gibt es noch einen Punkt zu besprechen: Wenn Sie nicht über weitere Mittel verfügen, dann müssen Sie mir noch sagen, wie Sie die Nachzahlung bezahlen wollen. Den Betrag kann ich Ihnen jetzt noch nicht sagen. Er wird aber mit Sicherheit bei mindestens 800.000 Euro liegen. Sie werden auch nicht viel Zeit haben zu bezahlen. Das Finanzamt wird Ihnen nur eine sehr kurze Frist einräumen.«

Matthias Braunmar:

»Das ist mir klar. Ich habe aber die Immobilien in Berlin. Die Grundstücke sind frei von jeglichen Belastungen. Es gibt weder Grundschulden noch Hypotheken. Diese Grundstücke sind jeweils mit gut vermieteten Mehrfamilienhäusern bebaut und befinden sich in sehr guten Lagen.«

Dr. Müller:

»Das ist mir bekannt. Wir haben ja auch immer die Mieten und Kosten für Sie abgerechnet. Ich gehe davon aus, dass Ihre Angaben hierzu immer vollständig waren?«

Matthias Braunmar:

»Die Angaben waren stets vollständig. Die Einnahmen wurden lückenlos erfasst und an Sie weitergemeldet.«

Dr. Müller:

»Gut, dann haben wir aus dieser Richtung keine Gefahr zu erwarten. Wie Sie die Grundstücke bezahlt haben, möchte ich gar nicht fragen. Oder gibt es in dem Zusammenhang noch etwas von Bedeutung?«

Matthias Braunmar:

»Nein. Schlussendlich habe ich die Grundstücke mit dem Geld bezahlt, das ich an Steuern gespart habe. So ungefähr zumindest. Die Grundstücke sind mittlerweile sogar im Wert gestiegen. Es dürfte daher kein Problem sein, sie zumindest bis zu 40 Prozent ihres Wertes zu beleihen. Der Betrag sollte dann bei Weitem ausreichen. Ich werde also diese Grundstücke beleihen und mit dem Geld meine Steuerschulden bezahlen. Die Hypotheken anschließend zu bedienen, sollte aus den regelmäßigen Mieteinnahmen überhaupt kein Problem sein.«

Wir legten dann auch sofort los und arbeiteten zu dritt bis tief in die Nacht. Wir konnten die wesentlichen Daten und Fakten auf der Basis der vorhandenen Unterlagen recht umfassend dokumentieren. Noch vor neun Uhr am nächsten Morgen übergab Dr. Müller die Unterlagen dem Finanzamt.

Ich bestellte ein Taxi, brachte Frau Brede nach Hause und fuhr dann weiter zum Flughafen Hamburg. Von dort aus flog ich nach Griechenland. Es gab keinen Direktflug. Daher flog ich zuerst nach Wien, übernachtete dort und flog dann am nächsten Morgen weiter nach Thessaloniki. Ich hatte auch schon den Rückflug gebucht. Ich wollte am Dienstag wieder in der Stadt sein.

Ich hatte mit Dr. Müller vereinbart, die nächste Zeit in der Stadt zu bleiben, mir dort eine Wohnung zu suchen und mich ordnungsgemäß zu melden.

Den Kurztrip nach Griechenland hatte ich ebenfalls mit ihm abgesprochen. Ich sollte dort mit meinem griechischen Steuerberater sprechen und noch einige Unterlagen mitbringen.

Der Rest ging dann sehr schnell. Es gab Rückfragen und verschiedene weitere Schreiben. Alles wurde jedoch von Dr. Müller erledigt. Ich selbst äußerte mich während des gesamten Verfahrens weder mündlich noch schriftlich gegenüber dem Finanzamt. Es gab aber Termine in dieser Sache, zu denen ich Herrn Dr. Müller zum Finanzamt begleitete. Bei diesen Terminen verhielt ich mich stets freundlich, reumütig und einsichtig. Das Reden überließ ich aber dem Fachmann.

Schlussendlich bekam ich meine geänderten Steuerbescheide. Ich zahlte fristgerecht und die Angelegenheit schien für mich erstmal erledigt.

Später fragte mich Herr Dr. Müller noch, wie es denn mit meinen Steuerzahlungen in Griechenland bestellt war.

Dr. Müller:

»Sie waren doch viele Jahre lang in Griechenland ordnungsgemäß gemeldet. Sie haben mir ja sogar Ihre griechische Steuernummer mitgeteilt. In Griechenland sind die Steuersätze doch nicht niedriger als in Deutschland, zumindest nicht signifikant, außerdem hatten Sie durch die Scheinwohnung ja auch hohe Kosten. Wie hat sich das alles für Sie gerechnet?«

Matthias Braunmar:

»Das zu erklären würde etwas länger dauern. Trotzdem sollen Sie es natürlich erfahren. Ich werde hierzu ein Buch verfassen. Sie werden einer der Ersten sein, die ein Exemplar erhalten werden. In diesem Buch werde ich alle Tricks und Methoden im Detail beschreiben. Lassen Sie mir bitte ein paar Monate Zeit. Die nächsten Monate werde ich mich nämlich ausschließlich um dieses Buch kümmern.«

Damit war dieses Kapitel für mich erstmal beendet. Auf besonderen Wunsch von Herrn Dr. Müller habe ich es nicht Selbstanzeige genannt. Ich hatte ihm ja versprochen, nie von einer Selbstanzeige zu sprechen. Es war ja schließlich lediglich eine Berichtigung der ursprünglichen Steuererklärungen.

Für die Zukunft habe ich mir vorgenommen, meine Steuererklärungen stets ehrlich und richtig

abzugeben.

1. Anmerkung des Autors zu diesem Kapitel:

Ich habe das Gespräch mit meinem Steuerberater einige Wochen später zu Papier gebracht. Es hat sich wie beschrieben ereignet. Es handelt sich aber nicht um den exakten Wortlaut. Ich habe das Gespräch aus meiner Erinnerung rekonstruiert.

2. Anmerkung des Autors zu diesem Kapitel:

Sollten Sie selbst mit dem Gedanken spielen, von den Möglichkeiten des § 371 der Abgabenordnung Gebrauch zu machen, dann gebe ich Ihnen folgenden wertvollen Tipp, den sie unter allen Umständen befolgen sollten:

> **Unternehmen Sie nichts, bevor Sie einen Steuerberater und/oder Rechtsanwalt zu diesem Thema und ihrer persönlichen Situation konsultiert haben. Unternehmen Sie nichts ohne Ihren Steuerberater auf eigene Faust. Aus meiner eigenen Erfahrung kann ich berichten, dass mir bereits die einfache Interpretation der einschlägigen Paragraphen (§370-371 Abgabenordnung) Schwierigkeiten bereitete. Lassen Sie also die Finger von einem Selbstversuch ohne Fachmann. Folgen Sie auch keinen Ratschlägen von »Freunden«. Sie brauchen in jedem Fall einen Steuerberater oder Fachanwalt.**

3. Anmerkung des Autors zu diesem Kapitel:

Den Verantwortlichen und Entscheidern in den Ländern und beim Bund kann ich nur den Rat geben, Betriebsprüfer und Steuerfahnder noch schlagkräftiger zu machen. Dabei mangelt es bei den Beamten nicht an Engagement oder Qualifikation. Soweit ich hier meinen Eindruck wiedergeben kann, ist es lediglich eine Frage der personellen Ausgestaltung. Zumindest in dem für mich zuständigen Finanzamt fehlten einige Stellen. Eine Kostenfrage kann das nicht sein, denn so wie die arbeiten, erwirtschaften sie mehr als sie kosten.

Der Gesetzgeber sollte sich aber ernsthaft einmal darüber Gedanken machen, das Steuerrecht insgesamt zu vereinfachen und verständlicher auszugestalten. Ich für meinen Fall kann nur sagen, dass mich das deutsche Steuerrecht vollständig überfordert. Das meiste verstehe ich nicht oder ich kann es nicht nachvollziehen.

Beim Steuerberater in Griechenland

Ich möchte Ihnen als Nächstes von meinem Besuch bei meinem griechischen Steuerberater berichten. Gleich nach dem Treffen mit Dr. Müller machte ich mich auf den Weg nach Griechenland. Noch im Taxi auf dem Weg zum Flughafen Hamburg rief mich Dr. Müller an und teilte mir mit, dass er den Schriftsatz beim Finanzamt abgegeben hatte. Ich hätte am liebsten gleich im Auto eine Flasche Champagner aufgemacht und gefeiert. Da es aber noch früh am Vormittag war, ich mich zum Schweigen verpflichtet hatte und außerdem der Flug nach Griechenland anstand, beließ ich es aber bei stiller Freude. Außerdem war natürlich kein Champagner an Bord. Schließlich saß sich nicht in einer Limousine, sondern in einem Kleinstadttaxi. Ich gab dem Fahrer am Flughafen ein fettes Trinkgeld, um ihn irgendwie an meiner Freude partizipieren zu lassen.

Da es keinen Direktflug von Hamburg nach Thessaloniki gab, flog ich zuerst nach Wien, musste dort übernachten und flog dann am nächsten Tag weiter. Am Flughafen von Thessaloniki nahm ich mir wiederum ein Taxi, das mich nach Drama brachte. In Drama nahm ich ein einheimisches Taxi, das ich zu meiner griechischen Wohnung brachte. Die Wohnung befand sich in einer kleinen Ortschaft zirka 30 Kilometer von Drama entfernt. Ich ließ mich nicht bis vor die Haustür fahren, sondern stieg ungefähr einen Kilometer vorher kurz hinter dem Ortseingang aus. Dann folgte noch ein kurzer Spaziergang unter griechischer Sonne. Selbstverständlich habe ich alle entstandenen Kosten dieser Reise bar bezahlt, wie ich es in den letzten Jahren auch immer gehandhabt hatte.

Da ich praktisch kein Griechisch spreche, habe ich mich in Griechenland stets mit meinen paar Brocken Englisch durchgeschlagen. Das funktionierte über die Jahre recht gut. Insgesamt verhielt ich mich aber den meisten Griechen gegenüber zwar sehr freundlich, aber auch sehr wortkarg. Das kam aber durchaus meiner Natur entgegen, da ich überhaupt nur sehr ungerne Gespräche führe. Taxifahrern, die in Griechenland sehr gesprächig sind, habe ich so gut wie keine Auskunft über meine Person gegeben. Da hörte ich mir schon lieber höflich die Anekdoten der Taxifahrer in gebrochenem Englisch an.

Nach einem wunderschönen Spaziergang war ich nach 20 Minuten in meiner Wohnung. Ich hatte meinen Besuch nicht angekündigt, sonst hätte mir mein Vermieter wie üblich frisches Obst und Wein in meine Wohnung gestellt. Außerdem hätte er vorher gelüftet und noch mal schnell durchgekehrt. Ich kannte meinen Vermieter und dessen Familie schon seit vielen

Jahren. Der Umgang miteinander war stets respektvoll und sehr freundlich. Sie schienen sich jedes Mal über meinen Besuch zu freuen und zeigten mir die wirklich legendäre griechische Gastfreundschaft. Sie waren regelrecht enttäuscht, wenn ich einmal eine Einladung zum Essen ausschlug.

In meiner Wohnung war alles soweit in Ordnung. Es handelte sich dabei um eine Dachgeschosswohnung im Haus eines Vetters, eines griechischen Freundes von mir aus Deutschland. Der Sohn dieses Vetters verwaltete die Wohnung für mich. Es gab sogar ein Mietvertrag, der eine monatliche Miete von 350 Euro auswies. Das war für die ortsüblichen Verhältnisse sogar eine hohe Miete. Tatsächlich zahlte ich den beiden aber 600 Euro. Dafür kümmerten sie sich aber wirklich um alles und das stets zu meiner vollen Zufriedenheit. Auf die beiden konnte ich mich wirklich zu 100 Prozent verlassen. Ich hatte sie aber nicht entsprechend eingeweiht. Das war gar nicht nötig, sie stellten keine Fragen und machten sich wahrscheinlich ihren eigenen Reim darauf.

Für meine Zwecke war diese Konstellation geradezu ideal. Während Thessaloniki eine moderne und gut organisierte Hafenstadt ist, nimmt der Organisationsgrad auf dem Weg nach Drama bereits stetig ab. (Zur Erläuterung: Drama ist der Name einer nördlich von Thessaloniki gelegenen Stadt in wunderbarer Umgebung. Drama liegt in der Verwaltungsregion Ostmakedonien und Thrakien.) Außerhalb und nördlich von Drama befindet man sich zwar immer noch mitten in der Europäischen Union, aber zur bulgarischen Grenze hin bereits im steuerrechtlichen Niemandsland.

Hier existiert die Europäische Union mit ihren Gesetzen und Verordnungen nur noch in Papierform. Und für die allermeisten dieser europäischen Gesetzestexte, Verträge, Verordnungen und Richtlinien hätte man sich die Übersetzungen ins Griechische sogar sparen können. Hier interessiert das niemanden. Hier hält das alles niemand für verbindlich. Egal, was in Brüssel, Paris, Berlin oder auch Athen beschlossen und erlassen wurde, praktisch nichts hatte für die Menschen hier und mich irgendeine Bedeutung. Hier lebte ich in einem rechtsfreien Raum. Zumindest soweit es den Bereich des Steuerrechts betraf.

Die Menschen, die hier leben, haben sich das so nicht ausgesucht. Es ist einfach die Realität und man hat sich darauf eingestellt und sich entsprechend eingerichtet. Für viele von den Menschen in dieser Region bedeutet die Europäische Union nur Arbeitslosigkeit und wirtschaftlichen Niedergang. Dabei hat das noch nicht einmal etwas mit der griechischen Finanzkrise zu tun. Der EU-Schock kam für die Bewohner bereits in den Jahren 2006 und 2007. In der Präfektur sah es früher nämlich auch mal etwas anders aus. Es gab eine intakte Papier- und Textilindustrie. Nach dem Beitritt Bulgariens erlebte diese aber auf der griechischen Seite ihren Niedergang. Die Fabriken wurden geschlossen und die Firmensitze mit neuen Fabriken jenseits der Grenze in Bulgarien neu errichtet. Dort waren die Arbeitskräfte nicht nur noch billiger, sondern auch die staatlichen Fördertöpfe leicht anzuzapfen. Wahrscheinlich wurden diese Unternehmen und deren Neuansiedlungen in Bulgarien auch noch üppig von der EU subventioniert. Bestimmt hat die Region auf der griechischen Seite ebenfalls EU Fördermittel erhalten. Die müssen aber komplett und wirkungslos versickert sein. Außer einigen kleinen, hoffnungslosen Projekten, ist davon nichts zu sehen. Für die Bevölkerung bedeutete das alles lediglich wirtschaftlichen Verfall.

Das alles war keine wirkliche Hilfe für eine nachhaltige wirtschaftliche Entwicklung. Hier wurde viel EU-Geld einfach nur gedankenlos versenkt.

Große Worte von einer europäischen Vision von Frieden und Wohlstand sind hier ebenso wenig angekommen wie Gelder, die eigentlich für die Entwicklung dieser Region gedacht waren. All das schien hier, außerhalb der Städte verschwunden oder niemals angekommen zu sein. Von dem, was sich hier Tag für Tag abspielt, kann man sich in Brüssel überhaupt keine Vorstellung machen. In Athen und Brüssel werden Entscheidungen über die Köpfe der Menschen, die hier leben, hinweg am grünen Tisch gemacht. Hier war wohl noch nie ein EU Beamter, um sich das einfach mal anzuschauen, den Menschen zuzuhören und sich ein Bild zu machen.

Es mag ja auch so sein, dass Griechenland die Wiege der Demokratie ist. Es ist auch so, dass die Griechen wesentliche Elemente eines modernen Staates schon vor mehreren tausend Jahren entwickelt haben. In der Zeit, in der ich diese Region kennen lernte, war davon hier nichts zu spüren. So was wie ein funktionierender Staat war in der Realität des täglichen Lebens überhaupt nicht zu bemerken. Wenn es überhaupt so etwas gab wie stabile gesellschaftliche Strukturen, dann waren das nachbarschaftliche und familiäre Geflechte. Positiv könnte man die als Vernetzungen bezeichnen, zutreffender wären aber die Bezeichnungen Vetternwirtschaft und Seilschaft.

Probleme vor Ort löste man nicht, indem man eine staatliche Stelle zur Hilfe rief oder den offiziellen Weg ging. Probleme löste man, weil man jemanden kannte oder eben einen Vetter hatte, der sie lösen konnte.

Darum war es auch völlig klar, dass man keine oder nur sehr geringe Steuern zahlte. Das konnte man gar nicht anders handhaben. Man brauchte das Geld für die, die einem halfen Probleme zu lösen und natürlich um selbst irgendwie über die Runden zu kommen.

Du brauchst einen Führerschein? Das ist doch etwas Alltägliches. Dein Fahrlehrer und der Prüfer können etwas Bargeld immer gut gebrauchen. Bestimmt kennt irgendeiner deiner Vettern entweder einen Fahrlehrer oder einen Prüfer. Damit wäre die Sache dann schon schnell geregelt. Die Höhe der Zahlung ist in so einem Fall auch nicht willkürlich. Es gibt regelrechte Sätze für solche Dinge, an die man sich hält und die jeder kennt. Man konnte schon den Eindruck haben, dass Schmiergeldzahlungen besser geregelt und weniger willkürlich waren als Steuerbescheide.

Dein Sohn braucht einen Studienplatz in einem bestimmten Fach oder an einer bestimmten Universität? Warum sollte man ihm seine Zukunft verbauen oder es ihm unbequemer machen als unbedingt erforderlich. Die dafür Zuständigen haben auch ihre Wünsche und dazu ein schlechtes Gehalt. So sollte man doch zusammenfinden. Sowas ist natürlich teurer als ein Führerschein. Außerdem vielleicht auch komplizierter. In jedem Fall ist aber auch hier so gut wie alles möglich. Es ist halt alles eine Frage des Preises.

Nicht anders funktionierte die medizinische Versorgung. Sollte oder musste es schnell gehen, dann musste Bargeld fließen. Ich habe in Griechenland eine Ärztin kennen gelernt. Sie war ungefähr in meinem Alter und arbeitete an einer öffentlichen Klinik in Thessaloniki. Dort hatte sie eine leitende Funktion inne und war sogar für die Ausbildung der Medizinstudenten mitverantwortlich. Sie arbeitete durchschnittlich 60 Stunden in der Woche. Sie sagte mir, dass sie dafür ein Nettogehalt von knapp 2300 Euro erhielt. Für dieses Geld sollte es in Deutschland schwierig sein, einen Assistenzarzt zu finden. Trotzdem schien das für griechische Ärzte in leitender Funktion ein ganz normales Gehalt zu sein. Da konnte man sich schon wundern, dass es auf dem Parkplatz für die Ärzte hinter dem Krankenhaus aussah wie vor einem Nobelrestaurant in Kampen. Keines der Fahrzeuge hatte einen Wert von unter 50.000 Euro. Dann müssen Sie sich nur noch die Gegenden anschauen, die von Ärzten, Geschäftsleuten und hohen Beamten bewohnt werden. Dort stehen Villen, wie man sie auch am Starnberger See oder in Hamburg Blankenese sehen kann. Es ist gar nicht so schwer, sich den Rest zusammen zu reimen.

Zu solchen Merkwürdigkeiten stellte aber niemand Fragen. Dabei konnte man das alles gar nicht übersehen.

In anderen Bereichen des normalen Lebens sah es nicht anders aus. Das waren zudem alles keine Einzelfälle, sondern Alltag für die Menschen. Das war aber kein Alltag, den die Menschen sich hier ausgesucht hatten. Ihr Staat bot ihnen keine Alternative.

Steuern zu zahlen ist kein Akt des Patriotismus. So sehen das wohl die meisten Menschen auf der Welt. In Griechenland gewinnt diese Aussage aber besondere Bedeutung. Gerade hier in dieser Region habe ich viele Menschen kennen gelernt, die sich das alles ganz anders wünschten. Das waren Menschen, die dieses System ankotzte. Es war dann auch ein Grieche, der mir das einmal erklärt hat:

»Für mich sind diese ganzen Superreichen, die sich auf unseren Inseln und auf ihren Booten rumtreiben, der letzte, asoziale Dreck. Die nennen sich Reeder oder behaupten, internationale Geschäftsleute zu sein. Was machen die in Wirklichkeit? Die plündern unseren Staat aus und beteiligen sich mit keinem Cent an unserem Gemeinwesen. Die sind wie Blutsauger. Ich könnte so nicht leben. Ich möchte mich in diesem Land, das ich liebe, aus Dankbarkeit auch nützlich machen. Wenn ich an einer Schule vorbeigehe, sehe, wie eine Straße asphaltiert wird oder eine Kaserne sehe, dann möchte ich meinen Kindern sagen können: Daran habe ich mich auch beteiligt. Ich zahle meine Steuern dafür und das tue ich gerne. Jedem der Reichen, die Griechenland betrügen und hintergehen, würde ich am liebsten die Staatsbürgerschaft entziehen und sie mit einem lebenslangen Einreiseverbot belegen. Sollen die doch da leben, wo sie Steuern sparen. Ich zahle Steuern, weil ich ein griechischer Patriot bin. Was mich aber verzweifeln lässt, ist, dass dieser Staat das alles duldet. Dieser Staat erlaubt es ihnen, ihren Reichtum auch noch frech zur Schau zu stellen, wenn er sich nicht sogar an deren Raubzügen beteiligt. Außerdem zwingt er die kleinen Leute regelrecht, es den Reichen nachzumachen. Die machen das dann aber nicht um sich große Schiffe zu kaufen, sondern um mit ihren Familien überleben zu können.«

Steuern zu zahlen ist in Griechenland tatsächlich ein schwieriger und kaum zu durchblickender Vorgang. Wenn es wichtig ist, in Deutschland einen Steuerberater zu haben, dann behaupte ich, dass es in Griechenland überhaupt nicht ohne Steuerberater geht. Ich weiß bis heute nicht, wie Steuern in Griechenland berechnet werden. Ich habe nur drei Dinge gelernt:

1.

Bei der Festlegung der Steuerschuld wird scheinbar mehr geschätzt als gerechnet.

2.

Die Aufgabe meines Steuerberaters bestand zu einem Teil daraus, mit den Finanzbeamten die Höhe meiner Steuern irgendwie zu verhandeln. Dabei müssen die Finanzbeamten über große Ermessensspielräume verfügen.

3.

Es scheint in Griechenland unbedingt nötig zu sein, zumindest auf dem Papier ein Gewerbe zu betreiben. Zumindest scheinen sich damit die Möglichkeiten deutlich zu erhöhen problemlos mit niedrigen Steuerzahlungen dauerhaft durchzukommen.

Mein Steuerberater in Griechenland hat das auch so für mich arrangiert. Offiziell betrieb ich in Griechenland ein Kleinstgewerbe. Hinzu kam ab 2008 die Beteiligung an einer Kapitalgesellschaft in Bulgarien. Das war allerdings eine Gesellschaft, deren einzige Aufgabe darin bestand, Rechnungen zu stellen und Quittungen auszuhändigen. Genutzt wurde diese Gesellschaft nicht nur von mir.

Mein Steuerberater war in alledem ein Genie. Er kümmerte sich um alle

meine Belange und ich hatte nie Probleme mit der griechischen Steuerverwaltung. Er erledigte für mich die gesamte Korrespondenz. Ich unterschrieb alles, was er mir vorlegte, obwohl ich kein Wort davon lesen konnte. Ihm gab ich auch die fällige Steuerzahlung in bar. Die zahlte er entweder
für mich ein oder brachte sie persönlich zum Finanzamt. Die Summe, die
ich jährlich zu zahlen hatte, war lächerlich. Es ging um Beträge weit unter
10.000 Euro pro Jahr. Da ich aber in einer ländlichen Region lebte und ein
Kleinstgewerbe betrieb, erschien das den Beamten wohl angemessen und
unverdächtig. Wie das alles im Einzelnen abgelaufen ist, erläutere ich später
in diesem Buch.

Natürlich bin ich über die Empfehlung eines Freundes an diesen Steuerberater gelangt und natürlich habe ich sein Honorar nur zu einem kleinen
Teil von ihm quittiert bekommen. Trotzdem oder vielleicht gerade deswegen war unser Verhältnis miteinander stets freundschaftlich und vertrau-
ensvoll.

Am Montag wollte ich zu ihm in sein Büro gehen. Einen Termin hatte
ich nicht vereinbart. So was ist bei einem griechischen Steuerberater nicht
nötig. Man geht einfach hin und wartet. Bei meinem Steuerberater konnte
das für Griechen sehr interessant sein. Sein Büro bestand nämlich aus nur
einem Zimmer. So konnte man sich beim Warten die Geschichten und
Probleme der anderen Mandanten anhören. Ich konnte das natürlich nicht,
da ich kein Griechisch verstand.

Nach einem schönen aber leider kurzen griechischen Wochenende, be-
suchte ich meinen Steuerberater dann am Montagvormittag in seinem Büro.
Ich teilte ihm mit, dass ich Griechenland verlassen müsste, um wieder nach
Deutschland zurückzukehren. Ich gab hierfür rein persönliche Gründe an.
Von einer Selbstanzeige in Deutschland sagte ich ihm nichts. Ich bat ihn
nur, für mich die notwendigen Abmeldungen zu erledigen und sich um alles
zu kümmern. Dann gab ich ihm noch eine Visitenkarte meines deutschen
Steuerberaters mit der Bitte alle Unterlagen dort hinzuschicken. Das hatte
ich alles genauso mit Herrn Dr. Müller besprochen. Mein griechischer Steuerberater war sehr traurig und zeigte mir das auch ganz offen. Ich versprach
ihm ihn wieder zu besuchen, falls ich mal wieder in Griechenland wäre.
Dann gab ich ihm noch einen Briefumschlag mit 3000 Euro Inhalt. Das
sollte das Honorar für die noch zu erledigenden Arbeiten sein. Er versprach
mir sich um alles zu kümmern und sagte mir, dass ich mir keine Sorgen machen müsse. In den folgenden Tagen und Wochen erledigte er dann auch
alles für mich. Alles lief völlig problemlos. Mit diesem Besuch bei meinem
griechischen Steuerberater war das Thema Wohnsitz in Griechenland für
mich erledigt.

Als ich noch am Abend im Flugzeug saß und von oben das tiefblaue
Mittelmeer sah, war ich fast ein wenig traurig. Ich verabschiedete mich leise
von Griechenland und freute mich schon auf die Ostsee.

Schwarzgeld

Schwarzgeld in Sicherheit bringen ist eine Sache. Ich denke, dass das auch heute noch trotz der zahlreichen Steuer-CDs aus Lichtenstein und der Schweiz problemlos machbar ist. Wenn man das Schwarzgeld dann auch noch für sich arbeiten lassen will, dann ist es eine ganz andere Angelegenheit. Dann muss man einfach damit rechnen, dass das Finanzamt es auf irgendwelchen Wegen mitbekommt. Ich finde, das geht in Ordnung. So viel Gier muss einfach bestraft werden.

Ich muss zu den vorherigen Kapiteln noch einiges ergänzen. Es geht um die Dinge, die ich mit meinem deutschen Steuerberater nicht besprochen hatte und die damit auch nicht Gegenstand meiner Anzeige beim Finanzamt wurden.

Den Tatbestand mit dem Scheinwohnsitz habe ich offengelegt und dafür auch entsprechend nachgezahlt. Es gab aber noch weitere Steuervergehen. Bei denen war und bin ich mir 100 Prozent sicher, dass sie niemals entdeckt werden. Diese weiteren Vergehen habe ich nicht offengelegt. Ich bin mir aber sicher, damit nie aufzufliegen. Es gab und gibt dafür weder Belege noch Zeugen Trotzdem war mein Verhalten damals töricht. Heute würde ich mich anders verhalten und ohne Wenn und Aber reinen Tisch machen. Die Chance habe ich damals aber leider verpasst. Ihnen möchte ich aber darüber berichten.

Wenn man seine Geschäfte im Rotlicht betreibt, dann hat man gar keine andere Möglichkeit als auch mal etwas Geld schwarz abzuzweigen. In der Branche geht hauptsächlich Bargeld über oder unter den Tisch. Prostituierte, Freier und Zuhälter schreiben weder Rechnung noch verlangen sie Quittungen. Da ich über viele Jahre im Geschäft sehr aktiv war, passte ich mich dementsprechend an. Ich war aber im Gegensatz zu vielen anderen wesentlich vorsichtiger und bedachter. Ich achtete bereits bei meinem ersten schwarz verdienten Pfennig darauf, keinerlei Spuren zu hinterlassen. Es gab keine Einzahlungen, es gab keine Belege und es gab keine Zeugen für die Zahlungen und Beträge. Außerdem war mir jederzeit klar, dass unser Geschäft an der Küste vom Finanzamt zumindest im Auge behalten wurde. Dafür sorgten wir hier unten schon selbst. Einerseits gehörte es zum Alltag, dass insbesondere Zuhälter ihren vermeintlichen Reichtum oder Wohlstand gut sichtbar präsentierten. Das waren nicht nur die dicken Autos und teuren Uhren. Es gehörte schon fast zur Normalität, dass mit Geld nur so um sich geworfen wurde. Das alles stand bei den meisten im krassen Gegensatz zu dem gegenüber dem Finanzamt erklärten Einkommen. An der Küste passierten skurrile Dinge. Es gab Zuhälter, die fuhren 100.000-Euro-Autos und kassierten Arbeitslosengeld. Es gab Prostituierte, die standen die ganze Woche im Laufhaus und bekamen außerdem ALG II.

Weder das Arbeitsamt noch das Finanzamt mussten sich ernsthaft Mühe machen, vor Ort zu recherchieren. Es gehörte bei manchen an der Küste fast zu ihrem Hobby, andere zu denunzieren und anonyme Anzeigen zu schreiben. Ich selbst wurde mehrfach anonym angezeigt. Bei mir verliefen diese Anzeigen aber immer im Sand. Anders als bei vielen anderen war das Missverhältnis zwischen meinen Ausgaben und meinen offiziellen Einnahmen nicht so offensichtlich und krass.

Trotzdem habe ich über die Jahre sehr viel Geld schwarz verdient und ohne Spuren zu hinterlassen, beiseite geschafft. In meinem Buch »Ruhe im Puff« gebe ich darüber Auskunft. Selbstverständlich habe ich auch in diesem Buch die Begleitumstände so verändert, dass man mir nicht auf die Schliche kommen kann.

Insgesamt habe ich im Zeitraum von 1997 bis 2012 einen Betrag von 1.934.500 Euro schwarz erwirtschaftet und beiseite geschafft. Ich habe dieses Geld niemals auf ein Konto eingezahlt und ohne Spuren zu hinterlassen ins Ausland gebracht. Dort habe ich es zu einem Teil anonym in andere Währungen getauscht. Das gesamte Bargeld habe ich in mehreren Schließfächern in Belgien und Gibraltar deponiert. Neben Schweizer Franken, US-Dollar und natürlich Euros hatte ich für einen Teilbetrag zudem regelmäßig Gold in Form von Krügerrands gekauft und ebenfalls deponiert. Außer zu den Schließfächern gibt es keinerlei Hinweise oder Dokumente zu diesen Geldbeträgen. Auch aus den Mietverträgen für die Schließfächer kann man weder auf den Wert des Inhalts noch auf meine Person schließen.(Wie ich das gemacht habe, verrate ich Ihnen nicht.)

Dann gab es natürlich auch noch die zahlreichen Schummeleien in Griechenland selbst. Die bestanden hauptsächlich in falschen Angaben zu meinem tatsächlichen Einkommen. Hinzu kommen die zahlreichen fingierten Geschäfte mit bulgarischen Firmen. Nichts davon habe ich in der Selbstanzeige oder gegenüber meinem Steuerberater erwähnt. Er hat aber auch nicht danach gefragt. Dass ich deswegen in Deutschland keine Bestrafung zu erwarten habe, ist mir klar. Ich gehe auch fest davon aus, dass diese Dinge selbst in Griechenland niemals weiter untersucht werden. Mein griechischer Steuerberater teilte mir zwischenzeitlich mit, dass meine Akte beim Finanzamt bereits geschlossen sei. Die Akte und die Unterlagen selbst sind zudem spurlos verschwunden. Im EDV-System der griechischen Finanzverwaltung ist nur noch ein unvollständiger Datensatz von mir erhalten geblieben. Selbst mein Steuerberater hat keinerlei Unterlagen mehr zu meinem Vorgang. Wie ich ihn gebeten habe, hat er dafür gesorgt, dass all die Unterlagen verschwanden. Es ist überhaupt nichts Außergewöhnliches, dass derartige Unterlagen im Chaos der Finanzverwaltung schlicht spurlos verschwinden.

Dimosia Ikonomiki Ypiresia

»Der eigentliche Steuertrick bestand nun darin, sich auf die Untätigkeit und Oberflächlichkeit des griechischen Steuersystems zu verlassen. Dazu brauchte ich lediglich meine griechische Steuernummer und einen fachkundigen und gerissenen Steuerberater vor Ort. Beides hatten für mich bereits griechische Freunde aus Deutschland arrangiert.«

Noch passender hat das einmal mein griechischer Steuerberater und guter Freund formuliert:

»Du musst dich in die Situation eines Beamten im Finanzamt hier hereinversetzten. Die Beamten hier in der tiefsten Provinz kämpfen schon lange auf verlorenem Posten. Aus Athen haben sie keine ernsthafte Unterstützung zu erwarten und aus Brüssel auch nichts außer klugen Ratschlägen. Es ist zwar im griechischen Steuerrecht alles irgendwie und auch auf EU-Standard geregelt, aber hier vor Ort fehlen einfach die Beamten, die das alles umsetzten könnten. Stattdessen versucht man zu improvisieren und irgendwie Steuereinnahmen zu generieren.

Das führt bei uns regelmäßig dazu, dass die Steuerhöhe zu dem tatsächlichen Einkommen gar nicht passt. Vor allem bei Selbstständigen ist das der Fall. Dafür gibt es dann uns Steuerberater. Wir bewirken beim Finanzamt, dass die Einkommensverhältnisse möglichst niedrig bemessen werden. In der Praxis werden die Einkommen nämlich weder berechnet noch exakt anhand von Belegen ermittelt. Es wird vielmehr ein Betrag angenommen oder geschätzt. Wenn dieser Betrag dann halbwegs plausibel erscheint, dann wird er in deren schlecht programmiertes und fehlerdurchsetztes Computersystem eingegeben. Damit ist der Fall dann zu 99,99 Prozent erledigt. Niemand schaut sich dann diesen Vorgang jemals wieder an. Hier in der Provinz fehlen nicht nur die Beamten in den Finanzämtern selbst, hier fehlen vor allem die Beamten, die die Finanzämter und deren Handeln und Entscheidungen überwachen und kontrollieren. Auch in dieser Hinsicht haben Sie aus Athen keine Unterstützung zu erwarten.

Wenn du es dir mit den Finanzbeamten verdirbst oder es einfach nur falsch anpackst, dann kann es aber auch passieren, dass dein Einkommen viel zu hoch geschätzt wird. Selbst, wenn die Schätzung vollkommen willkürlich ist, hast du dann keine echte Chance dich zu wehren. Die Steuern werden auf Basis dieser überhöhten Schätzung ermittelt und dir angelastet. So etwas wie Einspruch oder Widerspruch ist in der Praxis überhaupt nicht möglich. Das brauchst du gar nicht erst zu probieren. Dafür bestehen überhaupt keine Erfolgsaussichten. Ob du die Steuern dann auch tatsächlich bezahlst, ist dann natürlich noch eine ganz andere Frage.

Dafür ist im Finanzamt dann wieder jemand anders zuständig und bei dem kann die Bearbeitung dann wiederum jahrelang dauern oder vollständig vergessen werden. Du musst das alles aber nicht befürchten. Du hast schließlich einen guten Steuerberater.« (Aus dem Englischen übersetzt.)

Das alles deckte sich mit meinen Erfahrungen. Wie so vieles, hängt auch das Thema Steuern in diesem Teil Griechenlands stark mit deinen persönlichen Beziehungen zusammen. Was für fast alle Lebensbereiche galt, galt auch für das Finanzamt. Mit den richtigen Beziehungen konnte man einiges erreichen. Und auch hier floss Geld und zwar nicht immer in die Staatskasse. Ich verfügte über ein kleines, aber effizientes Netzwerk von Beziehungen. Ich brauchte mir daher wirklich keinerlei Sorgen zu machen. Trotzdem blieb natürlich ein Restrisiko. Die Situation in Griechenland wurde zunehmend unkalkulierbar für mich.

Mein griechischer Steuerberater versuchte aber mir diese Bedenken zu nehmen. Was er sagte, erschien mir plausibel.

»Du musst deinen Fall einmal mit den Augen eines Finanzbeamten hier vor Ort sehen. Für den bist du ein Ausländer, der hier ordnungsgemäß gemeldet ist und regelmäßig seine Steuern zahlt. Du machst denen keine Scherereien und zahlst jährlich einen Betrag, der zumindest für diese Region überdurchschnittlich ist. Wie viel Geld du irgendwo im Ausland wirklich verdienst, interessiert die Beamten im Finanzamt eigentlich gar nicht. Die sind mit dem, was du an Steuern zahlst, sogar zufrieden. Die sehen auch, dass du alle deine steuerlichen Pflichten pünktlich erfüllst. Zumindest erkläre ich Ihnen das so. Da denken die sich: Warum sollen wir den verärgern? Was würde dann passieren, wenn wir ihm plötzlich einen sehr hohen Steuerbescheid erteilen würden? Was würde passieren, wenn wir ihn aufwändig überprüfen würden? Wahrscheinlich würdest du dann einfach das Land verlassen. Vielleicht würdest du nach Bulgarien gehen. In jedem Fall wären dann aber für das Finanzamt deine Steuerzahlungen futsch. Das will hier niemand. Da ist man lieber mit den paar tausend Euro Steuern im Jahr zufrieden und lässt dich in Frieden leben. Darauf kannst du dich ziemlich sicher verlassen. Und ich finde, das alles entbehrt auch nicht einer gewissen Logik. Wenn das nämlich alles nicht so wäre, dann wärst du nicht hier. Dann würdest du irgendwo anders deine Steuern zahlen und der griechische Staat ginge leer aus. Es gibt genug EU-Staaten, die auf Zuwanderer wie dich nur warten.

Für mich galt also bei meiner Steuerfestsetzung aus griechischer Sicht: »Besser wenig als gar nichts.«

Um zu verstehen, woran das griechische Finanzwesen krankt, muss man sich nur ein ganz normales Finanzamt anschauen. Ich kenne natürlich nicht alle Finanzämter in Griechenland. Genauer gesagt kenne ich nur das damals für mich zuständige Finanzamt. Gemeinsam mit meinem Steuerberater war ich dort öfter gewesen. Ich war schon damals kurz nach meiner Ankunft völlig erstaunt über das dort herrschende Chaos. Über die Jahre wurde es sogar noch schlimmer. Auch die zahlreichen Verwaltungsreformen schienen zumindest in unserer Region an der Finanzverwaltung spurlos vorüber gezogen zu sein. Die Zustände, die ich dort erlebte, sind überhaupt nicht fassbar. Es muss wirklich jedem völlig klar sein, dass mit derartigen Finanzämtern Steuergesetze gar nicht umgesetzt werden können.

Das für mich zuständige Finanzamt befand sich in einem hübschen zentral gelegenen Gebäude der Stadt. Schon von außen sah man diesem Gebäude an, dass lange nichts mehr investiert wurde. Betrat man das Gebäude, dann fiel einem sofort auf, dass Datenschutz und die Sicherheit der Akten hier keine Rolle spielen. Im Empfangsbereich, der während der Öffnungszeiten ständig gut gefüllt war, standen Dutzende von schwarzen Müllsäcken an den Wänden. Diese Müllsäcke waren bis zum oberen Rand gefüllt mit ungeöffneten Poststücken. Das waren hauptsächlich Briefe, aber auch dicke Umschläge in DIN A5 und DIN A4.

Um Porto zu sparen, brachte mein Steuerberater die Korrespondenz seiner Mandanten persönlich zum Finanzamt. Das heißt wie auch der Postbote und alle anderen legte er die Poststücke einfach in einen schwarzen Sack. Er ließ sich das dann auch noch von einer Beamtin, die hinter dem Tresen stand, quittieren. Ich selbst habe einmal einen dicken Umschlag mit Unterlagen in seinem Auftrag zum Finanzamt gebracht. Ich habe mir damals die Abgabe dieses Umschlages ebenfalls problemlos quittieren lassen. Später auf der Straße habe ich dann bemerkt, dass ich vergessen hatte, den Umschlag im Finanzamt liegen zu lassen. Ich hatte ihn versehentlich wieder mitgenommen. Da ich jetzt aber eine Quittung hatte, dachte ich, den Umschlag jetzt eigentlich behalten zu können. Das habe ich dann auch getan. Bemerkt wurde dies auch später von niemandem.

Durch einen Tresen mit Verglasung war der Empfangsbereich von dem eigentlichen Amt getrennt. Die bezeichneten Müllsäcke mit den Poststücken befanden sich noch vor der Absperrung. Hinter der Absperrung lagen ein Korridor und die Büros der Beamten. Die meisten Angelegenheiten wurden schon vorne am Tresen erledigt. Meistens ging es nämlich darum, Menschen zu vertrösten, die auf irgendeine Zahlung warteten. Da ich kein Griechisch sprach, habe ich nicht mitbekommen können, um was es genau bei diesen Fällen ging. Für alle anderen war das natürlich kein Problem. Hier hörte jeder mit. Nur schwierige Angelegenheiten wurden in den Büros der Beamten erledigt. Dort waren die Zustände fast noch schlimmer. In jedem Büro standen Einkaufswagen aus dem benachbarten Supermarkt. Diese dienten hier als Postkörbe. Die Steuerunterlagen und Akten lagen in hohen Stapeln an allen Wänden. Wenn ich mit meinem Steuerberater im Finanzamt war, hat er stets meine Akte aus seinem Büro mitgebracht. Anhand dieser Akte und der entsprechenden Schriftstücke wurde mein Vorgang dann bearbeitet. Die Beamten versuchten erst gar nicht meine Unterlagen in ihrem Chaos zu finden. Die Gespräche fanden meistens in angenehmer Atmosphäre statt. Ich hatte den Eindruck, dass man sogar mit mir als Steuerzahler sehr zufrieden war. Immerhin zahlte ich meine Steuern regelmäßig und pünktlich.

In dem Finanzamt gab es mindestens zehn Büros. Außer dem Büro des Amtsleiters standen stets alle Türen auf. Ich habe nie mehr als drei oder vier Beamte in diesem Finanzamt gesehen. Die meisten Büros schienen überhaupt nur noch als Ablage genutzt zu werden. Dort stapelten sich Akten bis unter die Decke.

Es gab in diesem Finanzamt auch einige PCs. Es schien aber überhaupt nur noch einer zu funktionieren. Dabei handelte es sich um ein wirklich antikes Stück. Ich bin kein Techniker und kann nur sagen, dass ich auf deutschen Recyclinghöfen Geräte gesehen habe, die einem moderneren Eindruck machten. Mein Steuerberater berichtete mir aber, dass die vom Finanzamt verwendete Software das eigentliche Problem war, weil sie vollständig mit Fehlern durchsetzt war. Das Arbeiten mit dieser Software brachte die Beamten schier zum Wahnsinn. Es ist dann auch nur noch am Rande wichtig, zu erwähnen, dass der Rest der Gebäudetechnik ebenfalls völlig desolat wirkte. Außerdem schien es an wirklich allem zu mangeln. Die Beamten brachten sich sogar ihr eigenes Toilettenpapier mit.

Vor diesem Finanzamt hatte ich all die Jahre nichts zu befürchten. Hier würden meine Steuerbetrügereien niemals jemandem auffallen. Die Beamten hier hatten ganz andere Probleme.

Selbst, wenn das deutsche Finanzamt hier um Amtshilfe gebeten hätte, wäre das für mich zu keinem Zeitpunkt ein Problem gewesen. Abgesehen davon, dass natürlich auf dem Finanzamt niemand Deutsch sprach, hätten Zeit und die entsprechenden Mittel gefehlt, sich um so eine Anfrage zu kümmern. Wahrscheinlich hätte man diese Anfrage einfach an meinen Steuerberater zur Bearbeitung weitergereicht.

Für mich waren die griechischen Verhältnisse mein eigentliches Steuerschlupfloch. Es interessierte mich überhaupt nicht, wie hoch die Steuersätze waren und welche Steuergesetze es sonst so gab. Solange hier derartiges Chaos herrschte hatte ich überhaupt nichts zu befürchten. Das Finanzamt war überhaupt nicht daran interessiert, sich mit meinem Fall auseinanderzusetzen. Man war mit dem Geld, welches ich an Steuern zahlte, wahrscheinlich sogar mehr als zufrieden. Die tatsächlichen Summen, die mir zuflossen, wurden gar nicht zur Kenntnis genommen.

Ich kann natürlich nur von diesem einen Finanzamt berichten. Es mag sein, dass es in den großen Städten und den wirtschaftlich starken Touristenzentren anders aussieht.

Seit 2010 hat sich auch bei den Finanzämtern in Griechenland einiges geändert. Ich selbst habe davon nichts mitbekommen. Diese Änderungen wurden wohl vorrangig dort umgesetzt wo man vermutete etwas holen zu können, also in den großen Städten, in der Küstenregion und auf den Inseln. Die Gegend, in der ich mich aufhielt, schien von der griechischen Regierung bereits abgeschrieben worden zu sein.

Es ist mir persönlich besonders wichtig, Ihnen zu schreiben, dass die Beamten vor Ort in den Finanzämtern so gut wie keine Schuld an der Misere tragen. Ich selbst habe erlebt, wie sich die Anzahl der Beamten im Finanzamt von Jahr zu Jahr verringerte. Die Wenigen, die dann noch über geblieben waren, hatten hauptsächlich damit zu tun, den Mangel zu verwalten. Die Beamten konnten einem fast schon leid tun. Mein Steuerberater berichtete mir, dass oft sogar Formulare fehlten und er gebeten wurde, einige davon zu kopieren und ins Finanzamt zu bringen. Dort gab es zwar auch einen Kopierer sowie einen Drucker, beide waren jedoch nicht einsatzfähig, da immer wieder der Toner fehlte. Außerdem war das Papier streng rationiert. Von derartigen Vorfällen könnte ich Ihnen noch ein gutes Dutzend erzählen.

So, wie es mir vor Ort berichtet wurde, war es aber auch so, dass es bei der Besetzung der Stellen im Finanzamt nicht immer mit rechten Dingen zuging. Unter der Hand sprach man sogar davon, dass die Stellen regelrecht vererbt wurden. Zumindest war es so, dass die Familie und die Herkunft eine größere Rolle spielten, wenn es darum ging, offene Stellen zu besetzen als die Qualifikation und Erfahrung. Dieses Problem schien sich aber von alleine gelöst zu haben. Offene Stellen wurden schon lange nicht mehr neu besetzt. Griechenland ist dabei, seinen öffentlichen Dienst radikal einzudampfen. Wie man aber die Finanzverwaltung stärken möchte, indem man die Anzahl der überlasteten Mitarbeiter weiter verringert, ist mir nicht klar. Bestimmt gibt es in Griechenland eine öffentliche Verwaltung, die einem Wasserkopf gleicht. In den Finanzämtern und bei der Steuerfahndung ist davon aber nichts zu spüren. Hier herrschen Mangel und Personalnotstand.

Wenn Sie einmal richtig lachen möchten, dann empfehle ich Ihnen sich eines, der Videos anzuschauen, mit dem die griechische Regierung für ihr Verwaltungssystem wirbt. Wo auch immer diese Videos gedreht wurden, sicherlich nicht in einer Behörde auf dem Land.

Wie alles anfing

In den bisherigen Kapiteln habe ich Ihnen bereits einiges über Griechenland wie ich es erlebt habe erzählt. Sie haben auch schon einiges über mich erfahren. Ich habe versucht Ihnen gegenüber möglichst ehrlich zu sein.

In den folgenden Kapiteln werde ich Ihnen jetzt Schritt für Schritt berichten, wie mein griechisches Steuersparmodell funktioniert hat. Dabei werde ich auf die politischen und wirtschaftlichen Gegebenheiten detailliert und faktenreich eingehen.

Sie wissen bereits, dass ich in Deutschland nie zur ehrbaren Kaufmannschaft gehört habe. Sie wissen auch, dass ich über keine fundierte betriebswirtschaftliche Ausbildung verfügte. Beides hat sich übrigens bis zum heutigen Tag nicht geändert.

Bei den Passagen in diesem Buch, die wirtschaftliche Themen behandeln, habe ich Fachleute befragt und eine inhaltliche Abstimmung vorgenommen. Auch das gesamte Zahlenmaterial, auf das ich in diesem Buch zurückgreife, habe ich von Fachleuten prüfen lassen.

Über den Umfang meines Vermögens habe ich Sie ebenfalls in Kenntnis gesetzt. Es ist über die Jahre einiges zusammengekommen. Trotzdem war und bin ich weder ein Multimillionär noch eine Art von Oligarch. Ich verschob auch nicht viele Millionen, sondern nur das, was sich über die Jahre bei mir an Schwarzgeld angesammelt hatte.

Ich habe auch in all den Jahren einen schlichten und unauffälligen Lebensstil gepflegt. Ich trage weder eine auffällige Armbanduhr noch fahre ich ein superteures Auto. Ich schätze es, möglichst unauffällig, fast ein wenig durchschnittlich zu leben. Zu einem Teil gehörte das sicher auch zu meiner Tarnung. Zu einem anderen Teil steckt da aber auch Überzeugung hinter.

Ich war auch nie ein Steuerstraftäter aus Überzeugung oder maßloser Gier. Bei mir war Schwarzgeld schlicht ein fester Bestandteil meines Geschäftsmodells. Ich suche hier jetzt nicht plump nach Entschuldigungen, aber wenn man im Milieu arbeitet, dann kommt man an Schwarzgeld gar nicht vorbei. Kreditkarten und Überweisungen sind in Bordellen einfach keine gängigen Zahlungsmittel. So war ich nicht nur der ständigen Versuchung ausgesetzt, sondern auch mit der Notwendigkeit konfrontiert, Schwarzgeld anzunehmen und damit umzugehen.

In Deutschland ist so was aber nicht ungefährlich. Die Beamten vom Finanzamt haben nämlich auch über die Umsätze im Milieu einen ganz guten Überblick. Außerdem sind die meisten von ihnen ausgesprochen klug und akribisch bei ihrer Arbeit. Ich habe nie den Fehler begangen und die Steuerfahnder unterschätzt. Und selbst die »normalen« Beamten im Finanzamt sind häufig exzellente Fachfrauen und –männer, die von ihren Schreibtischen aus einen sehr guten Einblick in unsere Geschäfte hatten. Wer meint, denen auf Dauer etwas vormachen zu können, ist einfach nur dumm.

Hinzu kommt, dass du im Milieu niemandem trauen kannst. Du musst immer damit rechnen, angeschwärzt zu werden. Anonyme Anzeigen, auch beim Finanzamt, sind keine Seltenheit. Vor allem, wenn du geschäftlich erfolgreich bist, dann besteht hierzu immer die Gefahr.

Dann darf man auch nicht vergessen, dass einige hunderttausend Euro Bargeld, selbst wenn es gut versteckt ist, einen auch nicht gerade ruhiger schlafen lassen. Ich kenne Fälle, da sind Kollegen von mir schon wegen viel kleinerer Beträge brutal überfallen und manchmal sogar ausgeknipst worden. Das Geld in die Schweiz oder nach Liechtenstein zu bringen war schon damals für mich keine Option. Dort war man mit Schwarzgeld schon längst nicht mehr sicher. Spätestens seitdem die elektronische Datenverarbeitung die Geschäfte der Banken steuerte, war das gute alte Schweizer Bankgeheimnis nichts mehr wert. Jeder, der sich auch nur ein wenig mit derartigen Systemen auskennt, wird mir das bestätigen können. So dachte ich bereits im Jahr 2002, als sich meine Pläne, Schwarzgeld ins Ausland zu bringen, langsam konkretisierten. Natürlich habe ich damals nicht daran gedacht, dass irgendwann einmal die Daten auf CD gebrannt von deutschen Finanzämtern gekauft werden würden. Ich ging eher davon aus, dass einschlägige Ganoven sich dieses Material beschaffen würden um dann ganz gezielt die Kontoinhaber zu erpressen. Darum waren mir diese Länder damals schon viel zu heiß.

Neben den bereits erwähnten Gründen gab es aber eine weitere Motivation, die mich letztendlich dazu brachte, mein Schwarzgeld ins sichere Ausland zu bringen. Ich war zwar erst knapp über 40, wusste aber, dass man im Milieu nicht bis zur Rente arbeiten konnte oder es zumindest nicht sollte. Ich plante mit dem Geld also bereits meinen Ausstieg aus dem Milieu. Dabei hatte ich damals nicht vor, sofort auszusteigen. Es war vielmehr so, dass ich für mein »Alter« vorsorgen wollte. Von alledem hatte ich aber nur eine sehr diffuse Vorstellung. Ich wusste nur so ungefähr, wo ich hinwollte. Eines war mir aber klar, ich würde Geld brauchen, wenn ich mich aus dem Milieu verabschieden würde, ohne vor die Hunde zu gehen. Damals dachte ich auch daran, mein Alter unter der südlichen Sonne zu genießen.

Außer ein paar unehelichen Kindern, zu denen ich so gut wie keinen Kontakt hatte, gab es für mich keinerlei familiäre Bindung in der Stadt und in Deutschland. Ich fing also im Jahr 2002 an, mich ganz gezielt nach einer Möglichkeit umzuschauen, mein Schwarzgeld ins Ausland zu bringen und zudem meine laufende Steuerlast zu reduzieren. Damals dachte ich noch, dass ich später folgen würde. Ich befasste mich mit den verschiedenen Möglichkeiten und Ländern. Einige von diesen Ländern besuchte ich sogar und schaute mich vor Ort um. Dass ich schlussendlich auf Griechenland kam, war eher ein Zufall. Ich lag damit aber goldrichtig, wie sich bald zeigen sollte.

Sich vor Ort umzuschauen und mit den Verhältnissen vertraut zu machen ist überhaupt eine gute Methode, einen realitätsnahen Eindruck von den tatsächlichen Gegebenheiten zu bekommen. Das scheint eine Binsenweisheit zu sein. Ich habe aber trotzdem den Eindruck, dass diese Methode irgendwie aus der Mode gekommen ist. Ich war im Frühjahr 2002 zum ersten Mal in Griechenland. Ich schaute mir Drama und die Umgebung an. Schon damals hätte jedem, der sich die dortigen Realitäten angeschaut hätte, klar sein müssen, wie gewaltig die Defizite in der öffentlichen Verwaltung waren. Schon damals hatte ich den Eindruck, dass das Zahlen von Steuern ein überwiegend freiwilliger und wenig kontrollierter Prozess war. Schon damals bekam ich mit, dass es hier draußen auf dem Land so was wie staatliche Autorität überhaupt nicht gab. Was zählte, waren familiäre Bindungen, Freundschaften, Beziehungen und Schmiergeld. Ich war damals drei Wochen dort und schaute mir die Stadt Drama sowie die weitläufige Umgebung an. Nach diesen drei Wochen war mir klar, dass ich hier gefunden hatte, wonach ich suchte. Vielleicht hätten das damals auch einfach mal die Beamten der Europäischen Union tun sollen. Vielleicht wäre uns und den Griechen einiges erspart geblieben.

Damals geschah das aber nicht, alle Entscheidungen wurden an grünen Tischen gefällt. Das alles geschah über die Köpfe der Menschen hinweg. Es steht für mich völlig außer Frage, dass man Griechenland damals gar nicht in die Eurozone hätte aufnehmen dürfen. Das hätte im Grunde jedem klar sein müssen. Für mich ist auch völlig klar, dass es nur noch eine Frage der Zeit ist, bis es zum »Grexit« kommt.

Im Moment ist es aber noch nicht so weit. Ich habe aber auch den Eindruck, dass die Europäische Union bis heute nichts dazugelernt hat. Nach wie vor machen sich die Verantwortlichen keinen Eindruck von den griechischen Verhältnissen vor Ort.

In diesem Zusammenhang hat es die sogenannte Troika fast zu einer traurigen Berühmtheit gebracht. Die Troika ist die Abordnung der Europäischen Union (EU), der europäischen Zentralbank (EZB) sowie des Internationalen Währungsfonds (IWF).

Ich muss jedes Mal lachen, wenn die so genannte Troika nach Griechenland fliegt, um sich dort ein Bild von der Lage zu machen. Die Damen und Herren steigen dann aus dem Flugzeug und werden in dunklen Limousinen zu einem Ministerium gefahren. Dort werden ihnen dann frisierte Zahlen grafisch anspruchsvoll präsentiert. Anschließend gibt es eine kurze Pressekonferenz, einen Fototermin und eventuell noch ein gemeinsames Abendessen. Meistens ist ein solcher Besuch nach wenigen Stunden beendet. Manchmal dauern diese Besuche aber auch einige Tage. Wenn die Herren dann in Brüssel, Frankfurt oder New York wieder aus den Flugzeugen steigen, haben sie vieles gewonnen, aber keinen Einblick in die griechischen Verhältnisse. Ich würde mir wünschen, dass die Troika einfach mal inkognito zwei Wochen mit Zug oder Auto durch Griechenland reisen würde. Sie müssten sich nur mal zwei Wochen unter das normale Volk mischen. Ich bin mir sicher, dass sie dann einiges überdenken würden.

Ich glaube, das ist überhaupt der eigentliche Konstruktionsfehler der Euro-Bürokratie. Brüssel ist einfach von allen Orten in der Europäischen Union zu weit weg. Für die ländliche Region rund um Drama trifft das in jedem Fall zu.

Da war ich damals schon schlauer. Obwohl ich weder so gebildet war wie die Damen und Herren, die über Griechenlands Zukunft entschieden, hatte ich wahrscheinlich ein viel klareres Bild von der Lage. Es scheint aber bei hohen Beamten, Politikern und sonstigen Würdenträgern üblich zu sein, dass sie die Fähigkeit verlieren mit uns »normalen« Menschen reden zu können. Noch schlimmer ist es, dass sie auch nicht zuhören können.

Für die hochbezahlten Eurobürokraten sind wir und unsere Anliegen einfach zu trivial. Ungerne möchte man sich in Brüssel die schönen Visionen durch das Banale der Realität trüben lassen.

Matthias Braunmar

Mein griechischer Freund

Ich kenne Dimitrie seit 1998. Wir treffen uns regelmäßig zu Pokerrunden in einem Hinterzimmer der Bauernstube. Damals gab es noch kein Online-Poker und heute sind wir alle zu alt für solchen Scheiß. Wir sitzen lieber die Nächte zusammen an einem Tisch, rauchen, trinken und spielen um ein paar hundert Euro. Nichts Großes, einfach nur etwas für die Geselligkeit. Ich selbst hatte selten Glück. Dazu fehlte mir auch das Geschick beim Pokern. Trotzdem waren mir diese Nächte aber die paar Hunderter wert. Ich habe die gemeinsamen Stunden immer hoch geschätzt.

Dimitrie war der Wirt des griechischen Restaurants im selben Haus. Er war Grieche und lebte schon seit Jahrzenten in Deutschland. Er war ein Musterfall von gelungener Integration. Zudem war er perfekt mehrsprachig. Sowohl Griechisch als auch Deutsch sprach er fließend und fehlerfrei. Außerdem sprach er gut Englisch und sogar etwas Schwedisch.

Er war damals, um die Jahrtausendwende, wie ich um die vierzig Jahre alt. In seiner Jugend war er ein erfolgreicher Handballspieler gewesen. Der Handball hatte ihn auch damals in unsere Stadt gebracht. Er spielte dort einige Jahre bei einem großen Verein in der Handballbundesliga. Irgendwann war dann aber Schluss damit. Was ihm damals blieb, waren kaputte Knie und mittelmäßige Kochkünste. Zwischenzeitlich hatte er auch geheiratet und wollte mit seiner Familie in der Stadt bleiben. Die erste Zeit schlug er sich als Kellner in verschiedenen Restaurants durch. Ohne viel Eigenkapital eröffnete er dann sein eigenes Restaurant an der Küste bei uns im Babylon.

Wir hatten damals mehrere Interessenten für die Räumlichkeiten. Von allen war Dimitrie eigentlich der mit den schlechtesten Voraussetzungen. Er brannte geradezu darauf, die Räume zu mieten. Er akzeptierte sofort unsere Mietforderung und hatte auch keine Einwände gegen unsere vermieterfreundliche Vertragsgestaltung. Trotzdem hatten wir unsere Bedenken. Rico wollte mit ihm eigentlich überhaupt keinen Vertrag machen.

Rico (damals, 1998):

»Dimitrie mag ein netter Kerl sein. Der hat aber überhaupt keine Kohle. Bei dem müssen wir jeden Monat befürchten, dass wir unsere Miete nicht bekommen. Lass uns lieber ein Steakhaus da rein setzen.«

Obwohl Ricos Bedenken zu Recht bestanden, haben wir trotzdem mit Dimitrie den Vertrag gemacht und nach ein paar Wochen eröffnete er dort sein erstes griechisches Restaurant.

Gerade zu Beginn merkten wir, dass es ihm große Probleme bereitete,

76

die Miete an uns pünktlich zu zahlen. Mit den Monaten wurde das dann aber besser. Von Beginn an hatten Rico und ich ein gutes Verhältnis zu Dimitrie.

Sein Restaurant kam schnell zum Laufen und war durchgehend gut besucht. Ich selbst ging dorthin regelmäßig zum Essen. Er belieferte auch schnell mehr als die Hälfte der Bordelle mit Essen, obwohl die Konkurrenz ziemlich hart war.

In seinem Restaurant arbeiteten nur Familienangehörige. In der Küche waren es Verwandte, die in Griechenland lebten und jeweils nur für einige Monate nach Deutschland kamen. Keiner von denen sprach auch nur ein Wort Deutsch.

Den Service machten Familienangehörige von Dimitrie, die schon in Deutschland lebten und sehr gut Deutsch sprachen. Er selbst war praktisch jeden Tag zehn Stunden oder mehr in seinem Restaurant. Er kümmerte sich um alles und war zu jedem seiner Gäste stets freundlich. Soweit es möglich war, wurde jeder Gast persönlich mit Handschlag begrüßt. Saß man länger in seinem Restaurant und aß, dann wurde man alle zehn Minuten von ihm zu einem Ouzo eingeladen.

Das Restaurant war immer sauber und ordentlich. Die Küche war von höchster Qualität und die Preise waren akzeptabel. Schnell verdiente Dimitrie mit seinem Restaurant gutes Geld und genoss bei uns allen an der Küste hohes Ansehen.

Das Geld, das er damals für sein Restaurant benötigte, hatte er sich bei seinen Verwandten zusammengeliehen und schon im ersten Jahr wieder vollständig zurückgezahlt.

Später eröffnete er sogar noch ein kleines Ladengeschäft in der Nähe. Dort verkaufte er griechische Weine und Olivenöle, die er sich mit dem LKW aus Griechenland kommen ließ.

Schnell entwickelte sich damals zwischen Dimitrie und mir eine richtige Freundschaft. Wir aßen öfter gemeinsam und er war auch regelmäßiger Gast in der Bauernstube, wenn ich dort war. Wir konnten uns stundenlang über alles Mögliche unterhalten. Nur über unsere Geschäfte redeten wir wenig.

Dimitrie schien außerdem Gott und die Welt zu kennen und mit wirklich jedem irgendwie verwandt zu sein. Er hatte wirklich für jede Anforderung und Lebenslage einen Schwager oder Vetter, der helfen oder irgendetwas günstig besorgen konnte. Er bot mir auch eine ganze Menge an. Ich war da aber stets vorsichtig und nahm seine Angebote meistens nicht an.

Obwohl an Dimitrie eigentlich nichts mehr griechisch war, schien ihn doch immer wieder ein gewisses Heimweh zu packen. Zumindest erzählte er sehr gerne und sehr viel über seine geliebte griechische Heimat. Dimitrie stammte aus einer kleinen Ortschaft in der Nähe von Drama. Da hatte er auch noch jede Menge Verwandte und zu denen unterhielt er beste Beziehungen. Von dort rekrutierte er auch seine zahlreichen Küchenhilfen und sonstigen Arbeitskräfte.

Trotz seiner Liebe zu Griechenland und seinem Nationalstolz ließ Dimitrie kein gutes Wort an griechischen Politikern, der Wirtschaft und dem griechischen Staat.

»Der griechische Staat ist nicht besser als das organisierte Verbrechen. Ich würde sagen, dass die griechischen Politiker sogar noch schlimmer sind. Die behandeln Griechenland wie ihren Privatbesitz und erwarten auch noch Orden und Ansehen für ihr Handeln. Leider hat aber jedes Volk die Politiker, die es verdient. Der Betrug, das Schmiergeld und die Bestechung gehören in Griechenland einfach zum Leben dazu.«

Das sagte Dimitrie so ungefähr bereits um die Jahrtausendwende.

Es waren schließlich die zahlreichen Erzählungen Dimitries, die mich dazu brachten Griechenland zu meiner persönlichen Steueroase zu machen. Später in Griechenland profitierte ich sehr von Dimitries Beziehungen.

Der Zinker

Ein Zinker, ist jemand der Spielkarten zinkt. In unserer Pokerrunde, hätten wir mit einem Zinker kurzen Prozess gemacht. Zinker gab es aber an unserem Tisch nicht. Dafür scheint es in der Politik und der Finanzwelt viele von denen zu geben. Nicht nur in Griechenland.

Wenn ich beim Ordnungsamt in unserer Stadt eine Genehmigung beantrage, um vor meinem Restaurant einige Tische auf den Bürgersteig zu stellen, dann muss ich endloslange Anträge einreichen, die dann auch noch aufwendig und Buchstabe für Buchstabe von Sachbearbeitern geprüft werden. Das alles löst dann eine Lawine von Rückfragen und Auflagen aus, die bearbeitet werden müssen.

Als die griechische Regierung damals das Datenmaterial für den Eurobeitritt einreichte, muss dieses weitestgehend ungeprüft durchgewunken worden sein. Dabei hätte eigentlich jeder die Mängel und Lügen sofort erkennen müssen. Das alles war damals so offensichtlich. Die Verantwortlichen in Athen schienen sich mit dem Fälschen noch nicht einmal besondere Mühe gegeben zu haben.

Von Beginn an, wollte die politische Elite Griechenlands ihr Land in die Eurozone führen. Das war erklärtes Ziel sowohl der damaligen Regierung, als auch der Opposition. Von Beginn an und auch später zu keinem Zeitpunkt, erfüllte Griechenland die Voraussetzungen, um den Euro einzuführen. Trotzdem wurde in Griechenland alles unternommen, um an den harten Euro zu kommen. Schließlich gelang es auch, obwohl allen klar war, dass die vertraglichen Voraussetzungen von Griechenland nicht erfüllt wurden. Fehler wurden auf beiden Seiten begangen:

Die griechische Seite manipulierte die nach Brüssel gemeldeten Daten erheblich und in großem Umfang.

Die europäische Seite prüfte diese Daten nur sehr oberflächlich und traf letztlich eine rein politische Entscheidung. Die Aufnahme Griechenlands in die Eurozone war zu keinem Zeitpunkt vertragskonform oder wirtschaftlich vertretbar.

Da stellt sich doch die Frage, warum die griechische Politik den Euro unbedingt haben wollte. Um das zu verstehen, müssen wir in die 90iger Jahre zurückgehen. Die Einführung des Euros ist untrennbar verbunden mit dem Namen Konstantinos Simitis.

Konstantinos Simitis war vom 22. Januar 1996 bis zum 10. März 2004

Ministerpräsident der Republik Griechenland. Seine Regierung führte Griechenland in die Eurozone und seine Regierung hat auch die Betrügereien zu verantworten, die diesen Beitritt überhaupt erst möglich gemacht haben. Damals wurden derartige Betrügereien außerhalb Griechenlands nicht für möglich gehalten. Dieses hohe Vertrauen in die griechische Regierung, hatte ebenfalls ein Gesicht und trug ebenfalls den Namen des damaligen Ministerpräsidenten Simitis.

Wie keine andere Person stand Konstantinos Simitis damals für die Modernisierung des griechischen Staates und der griechischen Wirtschaft. Simitis hat als Ministerpräsident Griechenland in das 21. Jahrhundert und in die Eurozone geführt. Simitis hat ein erstarrtes und rückständiges System grundlegend reformiert und Griechenlands Wirtschaft international konkurrenzfähig gemacht. So sah man das damals zumindest. Heute fällt die Beurteilung anders aus.

Europas Politik und die internationale Presse liebten Simitis damals. Und weil wir wissen, dass Liebe blind macht, kann man heute auch verstehen, warum damals niemand die richtigen Fragen stellte und warum damals niemand kontrollierte, was in Griechenland wirklich passierte.

Die Begeisterung für Konstantinos Simitis ist längst verflogen. Heute weiß man, dass das griechische Wirtschaftswunder nur auf dem Papier stattgefunden hat. Heute weiß man, dass die griechische Regierung geschummelt und gelogen hat, um in die Eurozone zu kommen. Heute weiß man, dass es nie eine grundlegende Reformierung von Staat und Wirtschaft in Griechenland gegeben hat. Alle Erfolge existierten überhaupt nur auf dem Papier. Von den damals Verantwortlichen wurde der Beitritt Griechenlands in die Eurozone mit einem hohen Maß an krimineller Energie betrieben. Es ging ihnen darum, den schwachen und zum Teil bereits wertlosen Drachmen in den starken Euro zu tauschen.

Es gab aber Gründe für das hohe Vertrauen der europäischen Politiker und der internationalen Presse in die Person Simitis. Da war zum Beispiel sein beeindruckender Lebenslauf und politischer Werdegang. Außerdem war seine Familie bestens im griechischen Staat, seiner Partei und auf internationaler Bühne vernetzt. Der damalige deutsche Bundeskanzler Gerhard Schröder konnte sich fließend auf Deutsch mit ihm unterhalten.

Simitis studierte von 1954 bis 1959 in Marburg Jura und Wirtschaftswissenschaften. 1959 verfasste er eine Dissertation mit dem Titel: »Gute Sitten und ordre publique«. Anschließend studierte er noch an der London School of Economics and Political Science.

In Deutschland arbeitete er dann von 1971 bis 1975 als ordentlicher Professor in Gießen. Anschließend kehrte er nach Griechenland zurück und übernahm einen Lehrstuhl an der Panteion Universität in Athen.

Auch sein politischer Werdegang ist makellos und beeindruckend. Simitis war aktiver Oppositioneller während der Zeit der Militärdiktatur und entkam einer Verhaftung nur durch seine Flucht nach Deutschland.

Außerdem zählte er zu den Gründungsmitgliedern der „Pa.So.K". Diese Partei stellte für Jahrzehnte, abwechselnd mit der ND, die griechischen Regierungen.

Auf der internationalen Bühne bewegte sich Simitis stets stilsicher und tief beeindruckend. So ist es nicht verwunderlich, dass er in Europa ein gefeierter Mann war. Man lobte den Wirtschaftsprofessor aus Deutschland, der es mit dem griechischen Schlendrian aufnahm. Von »Der Zeit« wurde er in dem Artikel »Der Veränderer« am 6. April 2000 wie folgt charakterisiert:

»Kostas Simitis verändert sein Land. Er befreit es mit buchhalterischer Beharrlichkeit von Subventionitis und balkanischem Radau.«

Weiterhin wurde er in diesem Artikel gelobt, weil er:

Die Inflation drückte,

die Devisenreserven verdreifachte und

die gigantischen Staatsschulden mühselig aber stetig abtrug.

Aber nicht nur in diesem Artikel wurden Semitis und seine Politik in den höchsten Tönen gelobt. Wenn man heute Zeitungsartikel aus den Jahren 1998 bis 2001 liest, dann kommt man aus dem Lachen nicht mehr heraus.

Mit Simitis hatte die internationale Presse und Politik ihren Hoffnungsträger für Griechenland gefunden.

Es wird beschrieben, wie Semitis aus Griechenland einen modernen Staat mit funktionierender Verwaltung und wettbewerbsfähigen Steuersystem gemacht hat. Man schrieb ihm zu, bei den Griechen einen Mentalitätswechsel herbeigeführt zu haben.

Mit dieser Show und den entsprechenden Zahlen wurde Griechenland schließlich am 1. Januar 2001 in die Euro-Gruppe aufgenommen. Das war aber weder das Ergebnis einer gelungenen Wirtschaftspolitik, noch von ein wenig Schummelei. Griechenland kam nur in die Eurozone, weil Daten in erheblichem Umfang und systematisch gefälscht wurden. In welchem Umfang, diese Fälschungen stattfanden, war damals für die Verantwortlichen gar nicht vorstellbar.

Das Märchen vom modernen Staat mit guten Wirtschaftszahlen zerplatzte bereits im August 2002. Es stellte sich heraus, dass es dieses Wirtschaftswunder nur auf Pump und überhaupt nur auf Papier gegeben hatte. Von diesem Zeitpunkt an, begann auch die Abwärtsspirale. In immer kürzeren Abständen stürzten die griechischen Zahlenspiele zusammen wie Kartenhäuser. Trotzdem gelang es der griechischen Administration noch viele Jahre das System aus steigenden Schulden und gefälschten Wirtschaftszahlen aufrechtzuerhalten. Erst im Jahre 2010 erfolgte endgültig das böse Erwachen. Die Einzelheiten hierzu erfahren Sie in den folgenden Kapiteln.

Anmerkung:

Konstantinos Simitis Bruder Spiros Simitis ist seit 1975 deutscher Staatsbürger und kann ebenfalls auf eine beeindruckende Karriere zurückblicken. Auch er war Professor an renommierten Universitäten. Später wurde er sogar Datenschutzbeauftragter des Landes Hessen. Außerdem ist er Träger des Bundesverdienstkreuzes erster Klasse, sowie Kommandeur der griechischen Ehrenlegion.

Die Kunst der Fälschung

Ich habe mir sehr lange überlegt, ob ich diese Geschichte mit in das Buch aufnehmen soll, da sie nicht nur mich betrifft, sondern auch und vor allem, meinen ältesten Sohn. Ich habe mit ihm darüber gesprochen und gemeinsam haben wir einen Anwalt konsultiert. In Absprache mit meinem Sohn und nach Prüfung durch den Anwalt haben wir uns dann auf den folgenden Text verständigt. Die Geschichte ist so widergegeben, dass Rückschlüsse auf Personen nicht möglich sind. Trotzdem beruht sie wiederrum auf wahren Gegebenheiten.

Im Jahr 2003 besuchte ich Theofanis und seinen Vater zum ersten Mal in ihrer kleinen Druckerei. Sie lag in einem Vorort von Drama. Es war ein sehr alter und eingesessener Betrieb. Der Maschinenpark der kleinen Druckwerkstatt bestand aus sehr alt anmutenden Druckmaschinen aus Deutschland. Ich kann das natürlich nicht beurteilen, schätze aber, dass in dieser Werkstatt keine Maschine jünger als 50 Jahre war. Außerdem standen in der Werkstatt noch viele Regale, die vollgepackt waren mit Farbtiegeln und unterschiedlichsten Papiersorten. Zu der Werkstatt gehörte auch noch ein Lagerraum. Dort standen Paletten, auf denen ebenfalls Papier gelagert wurde.

Die Maschinen schienen von Theofanis Vater bedient zu werden. Theofanis selbst hatte sich mit Laptop, Scanner und diversen Laserdruckern in einem kleinen fensterlosen Büro eingerichtet. Den Kontakt zu Theofanis hatte mir Dimitrie in Deutschland hergestellt. Ich hatte Dimitrie sehr vage in das eingeweiht, was ich vorhatte. Dimitrie wollte es dann auch gar nicht so genau wissen. Dimitrie wusste gut, wann er keine Fragen stellen sollte.

Dimitrie stellte mir Theofanis damals, als einen seiner Verwandten und zuverlässigen Freund mit ungefähr folgenden Worten vor:

»Theofanis und vor allem sein Vater sind wahre Künstler. Beide beherrschen das Handwerk des Druckens wie Meister. Außerdem sind sie zu 100 Prozent diskret, verlässlich und seriös. Die beiden drucken wirklich alles, außer Geld, Reisepässen und KFZ-Zulassungen.«

Es gab zwischen uns Dreien schon beim ersten Gespräch in der Druckerei keinerlei Kommunikationsprobleme. Dimitrie hatte mich bereits telefonisch avisiert und als zuverlässigen Freund empfohlen. Mit einer derartigen Empfehlung hat man in Griechenland dann auch keine Probleme mehr und genießt vollstes Vertrauen. Bei unserem ersten Gespräch war auch Theofanis Vater dabei und auch mit ihm verstand ich mich von Anfang an gut.

Ich redete schon beim ersten Termin nicht lange herum und nahm das Abiturzeugnis meines Sohnes aus der Tasche und reichte es Theofanis über den Tisch. Der nahm es, schaute es sich an und gab es dann seinem Vater. Sein Vater betrachtete das Zeugnis genau, hielt es gegen das Licht, strich mit seinen Fingern mehrmals und in alle Richtungen über das Papier und hielt sich das Zeugnis dann ganz dicht vor die Augen. Dann legte er es zurück auf den Tisch. Er lächelte mich an und nickte mit dem Kopf. Anschließend unterhielt er sich ein paar Sätze lang mit seinem Sohn. Der sprach mich dann auf Englisch an:

»Also, das ist kein Problem. Wir haben das entsprechende Papier und die Farben vorrätig. Eine kleine Frage bleibt offen.«

Er beugte sich über das Zeugnis und deutete mit einem Stift vorsichtig auf die eingetragenen Punkte und Noten.

»Der Druck ist überhaupt kein Problem. Die Unterschriften natürlich auch nicht. Bei den Zahlen hier, wurde eine Schreibmaschine benutzt. Ich brauche etwas Zeit um ein entsprechendes Typenrad und ein Farbband einstellen zu können. Die Schreibmaschine muss schon einige Jahre alt sein und hat ein sehr individuelles Schriftbild. Um es hier zu 100 Prozent nachzubilden, ist etwas Aufwand erforderlich. Das macht die Sache etwas teurer. Trotzdem kann ich Ihnen aber versichern, dass wir das machen können.«

Der Preis interessierte mich überhaupt nicht. Außerdem hatte mir Dimitrie vorher schon gesagt, womit ich ungefähr zu rechnen hätte. Ich konnte mir auch sicher sein, von den beiden Druckern nicht gelinkt zu werden. Auf Griechen kann man sich vollständig verlassen, wenn die Beziehung stimmt.

Ich gab ihm eine Kopie des Abiturzeugnisses, auf dem ich die gewünschten Veränderungen eingetragen hatte.

Matthias Braunmar:

»Wie lange werden Sie brauchen? Was soll es kosten? Und gibt es noch etwas was ich zu tun habe?«

Theofanis:

»Brauchen Sie ein Exemplar oder mehrere?«

Matthias Braunmar:

»Bitte nur ein Exemplar. Ich brauch dann auch das Original zurück.«

Theofanis:

»Sie müssen eine Sache bedenken.«

Matthias Braunmar:

»Was habe ich zu bedenken?«

Theofanis, schaute mich vielsagend an und begann dann, in einer etwas theatralischen Weise mit einem kleinen Vortrag über das Wesen der Fälschung. Er selbst verwandt dabei niemals das englische Wort für Fälschung, sondern sprach stets von einem Replikat oder einem Duplikat.

»Das Herstellen eines Duplikates ist keine Frage der Kunst, sondern eine Frage des Handwerks. Wir werden handwerklich arbeiten und dabei kein noch so kleines und auf den ersten Blick unscheinbar wirkendes Detail übersehen. Das ist etwas für das Auge eines erfahrenen Handwerkers. Wenn wir fertig sind, werden wir hier in der Werkstatt alle, wirklich alle Spuren zu dieser Arbeit beseitigen. Das solltest du auch tun. Das »neue« Original solltest du mitnehmen. Das »alte« Original solltest du hier vernichten, also aus der Welt schaffen bevor du uns verlässt.«

Matthias Braunmar:

»Aber wenn ich das richtige Original noch mal brauche?«

Theofanis:

»Wozu solltest du es dann noch mal gebrauchen wollen? Du brauchst kein Duplikat. Du bekommst von uns ein Original. Ein Original gibt es nur einmal. Es ist so, als wolltest du deine Frau durch eine Operation zu einer griechischen Göttin machen. Du bekommst dann die Götting vom Chirurg zurück und nicht deine Frau und die Göttin. Stell dir doch nur vor, durch einen blöden Zufall kommst du zum Beispiel am Flughafen in eine Kontrolle. Wie willst du das erklären.«

Matthias Braunmar:

»Ja, das stimmt. Das habe ich nicht bedacht. Im schlimmsten Fall kann ich mir ja auch noch mal eine Zweitschrift des Originals ausstellen lassen, falls das überhaupt irgendwann einmal nötig sein sollte. Trotzdem nehme ich das alte Original mit.«

Theofanis hatte Recht. Ich wollte trotzdem das Original behalten, ohne genau sagen zu können warum. Ich war mir jetzt aber, des Risikos gewiss und würde die beiden Dokumente nicht gemeinsam transportieren. Das neue Zeugnis würde ich im Gepäck mit nach Deutschland nehmen. Das alte Zeugnis in Griechenland lassen und später in mein Bankschließfach nach Belgien bringen.

Schlussendlich habe ich das Original aus der Druckerei mitgenommen. Nachdem ich mir es noch einmal überlegt hatte, dann aber noch am gleichen Abend vernichtet.

Theofanis:

»Gut, dann werden wir es nicht vernichten. Sei aber vorsichtig. Dann gibt es noch etwas. Jedes Duplikat braucht auch eine Geschichte. Jedes Dokument kann Fragen aufwerfen und dann ist es gut, wenn du dir vorher die passenden Antworten zurecht gelegt hast.«

Matthias Braunmar:

»Das weiß ich genau und die Antworten habe ich mir zurechtgelegt.«

Wir sprachen dann noch über den Preis und das Abholdatum. Ich bezahlte schließlich, ohne dass ich gehandelt hätte, 700 Euro. Darin war dann auch der Preis für Unterschriften, Stempel, die neuen Noten und die wertvolle Beratung zum Thema Fälschung. So wurde aus einer Durchschnittsnote 3,1 die Durchschnittsnote 1,2.

Ich habe das neue Abiturzeugnis mit nach Deutschland genommen und meinem Sohn gegeben. Drei Monate später nahm er zum Wintersemester sein Medizinstudium in Frankfurt am Main auf. Er brauchte dann sieben Jahre für sein Studium und arbeitet jetzt in einer Klinik in Ostdeutschland. Alle Zeugnisse, die Staatsexamen, Promotion und alle anderen Urkunden hat er selbstständig erarbeitet. Er erhielt durchgehend gute Benotungen und wir brauchten Theofanis Hilfe nicht mehr.

Mit seinem »alten« Abitur hätte er für viele Jahre keinen Studienplatz erhalten. Mit seinem »neuen« Abitur, konnte er damals sofort mit dem Studium beginnen.

Wie soll man diese Fälschung beurteilen? Ich für meinen Fall bin heute noch froh mich damals für diesen Weg entschieden zu haben. Mit den guten Noten habe ich meinem Sohn seinen Berufswunsch erfüllen können. Ob sie's mir glauben oder nicht, eine Approbation oder ein Staatsexamen hätte ich nicht gefälscht. Bei dem Abitur hatte ich aber den Eindruck, keinen Schaden angerichtet zu haben. Sie mögen sich bitte Ihre eigene Meinung bilden.

In den kommenden Jahren habe ich die Dienste meines Druckers in Griechenland noch mehrmals in Anspruch genommen. Jedes Mal verlief alles hoch professionell und fehlerfrei. Fälschen kann längst nicht jeder und zudem muss es gelernt sein. Für Theofanis und seinen Vater war das fälschen ein ganz normales Geschäft. Dass das alles natürlich ohne Quittungen und Rechnungen über die Bühne ging versteht sich von selbst.

Diese Geschichte hat mir gezeigt, welchen Wert man amtlichen Dokumenten beimessen sollte. Es ist nur realistisch im Zweifelsfalle eine Fälschung nicht auszuschließen. Das gilt aber nicht nur für Griechenland.

Wenn also die Bilanz einer Bank vom Vorstand unterschrieben und von renommierten Wirtschaftsprüfern testiert ist, dann muss das nicht zwangsläufig heißen, dass dieses Papier die Wahrheit abbildet.

Zu meinen familiären Verhältnissen möchte ich noch ergänzen, dass ich insgesamt fünf Söhne und eine Tochter habe. Alle Kinder leben bei ihren entsprechenden Müttern. Keine der Frauen hat von mir mehr als ein Kind. Ich zahle Unterhalt und lege sogar noch schwarz einiges drauf.

Zu den Frauen habe ich durchwegs schlechte Verhältnisse. Sie erleichtern mir auch nicht gerade den Umgang mit meinen Kindern. Das sind alles keine Geschichten auf die ich stolz bin. Anderseits bin ich aber dankbar, dass meine Kinder nicht in meinem Umfeld aufgewachsen sind. Ich bin alles andere als ein gutes Vorbild.

Der Kontakt zu meinen erwachsenen Kindern ist durchwegs gut. Trotzdem beneide ich jeden, der es geschafft hat, ein halbwegs »normales« Familienleben zu führen.

Der Euro muss her! (1996-2001)

Die Geschichte von Griechenland und dem Euro war von Anfang an eine Geschichte von Lügen und Betrügereien auf der einen Seite und institutionellen Versagen auf der anderen Seite. Zur Erläuterung muss man in die frühen 90iger Jahre zurückblicken. Ich stelle Ihnen kurz dar, wie die Einführung des Euros damals von den maßgeblich Beteiligten beurteilt wurde und in welchem Maß schon damals Verlautbarung und Realität auseinander lagen.

Am 6. September 1990 veröffentlichte der Zentralbankrat der Deutschen Bundesbank eine Stellungnahme zu einer möglichen Gemeinschaftswährung mit folgenden Worten:

»Die teilnehmenden Volkswirtschaften werden (durch eine gemeinsame Währung) auf Gedeih und Verderb miteinander verbunden. Welche Wirkungen sich hieraus – insbesondere auch für den Geldwert – ergeben, wird wesentlich von der Wirtschafts- und Finanzpolitik, sowie dem Verhalten der Tarifpartner in allen Mitgliedsstaaten beeinflusst. Sie müssen den Erfordernissen einer Wirtschafts- und Währungsunion voll gerecht werden.«

Ähnlich beurteilte der Deutsche Bundestag die Erwartungen an die Teilnehmer der Währungsunion, anlässlich der Ratifizierung des Maastricht-Vertrages am 18. Dezember 1992:

»Beim Übergang zur dritten Stufe der Wirtschafts- und Währungsunion werden die Stabilitätskriterien eng und strikt auszulegen sein.«, und:» Die Natur der Kriterien bedingt es, dass ihre Erfüllung nicht nur statisch gesichert werden kann. Ihre dauerhafte Erfüllung muss vielmehr auch aus dem Verlauf des Konvergenzprozesses glaubhaft sein.«

Auf diese Passagen bezog sich auch das Bundesverfassungsgericht in seiner Entscheidung vom 12. Oktober 1993.

Auch die anderen deutschen und europäischen Institutionen verwiesen stets auf die strengen Kriterien, die mit der Einführung des Euros für die teilnehmenden Staaten verbunden wären.

Im Vertragswerk zur Währungsunion wird die herausragende Bedeutung der Stabilitätskriterien explizit formuliert. Als Stabilitätskriterien werden unter anderen zwingend gefordert, dass das Verhältnis zwischen dem öffentlichen Defizit und dem Bruttoinlandsprodukt 3 Prozent nicht übersteigen darf und, dass das Verhältnis des öffentlichen Schuldenstandes zum Bruttoinlandsprodukt 60 Prozent nicht übersteigen darf.

Aus den unterschiedlichen Verlautbarung dieser Zeit ergibt sich zweifelsfrei, dass die Brisanz der öffentlichen Verschuldung einzelner Länder für eine Gemeinschaftswährung bekannt war. Mit den Kriterien bestand zudem eine gute Grundlage für einen gemeinschaftlichen Währungsraum. Außerdem zeigten sich die Beteiligten entschlossen, sich diesen Kriterien dauerhaft zu unterwerfen.

Betrachtet man diese Kriterien und den Willen der Vertragsstaaten diese umzusetzen und einzuhalten, dann hätte man völlig zweifelsfrei schon zur Mitte der 90iger Jahre erkennen müssen, dass eine Mitgliedschaft Griechenlands in der Währungsunion mittelfristig überhaupt nicht möglich gewesen wäre. Ein Blick auf die griechische Wirtschaft sprach bereits eine eindeutige Sprache. Alle Parameter waren uneinholbar weit weg von diesen Kriterien.

Griechenland litt schon damals unter seinem notorischen Schuldenproblem. Schon in den 80iger Jahren stand der griechische Staat mehrmals dicht vor einem Bankrott. In den 90iger Jahren haben sich die entsprechenden Kenngrößen nicht erkennbar verbessert. So ergab sich anhand der Beitrittskriterien folgendes Bild:

Beitrittskriterium: Grad der Verschuldung

Zielgröße: Maximal 60 Prozent Verhältnis des öffentlichen Schuldenstandes zum Bruttoinlandsprodukt.

Für die 90iger Jahre wurden von Griechenland folgende Werte gemeldet:

(1992   98,8 Prozent); (1993 111,6 Prozent);
(1994 109,3 Prozent); (1995 110,1 Prozent);
(1996 111,6 Prozent); (1997 108,7 Prozent).

(Quelle: Europäisches Währungsinstitut Konvergenzbericht 1998)

Für das Jahr 1998 lag der Wert ebenfalls deutlich über 100 Prozent und stieg in den folgenden Jahren, trotz Wirtschaftswachstum, sogar noch an. Heute wissen wir, dass diese viel zu hohen Werte sogar noch durch unterschiedliche Methoden geschönt und verfälscht wurden.

Wäre dieses Maastricht Kriterium also zur Anwendung gekommen, dann hätte Griechenland zu keinem Zeitpunkt der Währungsunion beitreten können. Dass dieses doch geschah hatte zwei Ursachen:

(1.)

Die griechische Regierung versicherte wortreich und mit zahlreichen »Fakten« hinterlegt, dass durch die bereits umgesetzte Konsolidierungspolitik das Gesamtdefizit mittelfristig Schritt-für-Schritt reduziert werden würde. Daraufhin haben die europäischen Währungshüter mit Griechenland weitere Vereinbarungen getroffen, dass das Gesamtdefizit in den folgenden Jahren zurückzuführen sei. Das war völlig illusorisch. Um dieses zu erreichen, hätte Griechenland nämlich dauerhaft oder zumindest für viele Jahre einen spürbaren Haushaltsüberschuss in den Jahren ab 1998 erwirtschaften müssen.

Haushaltsüberschüsse hatte es aber in Griechenland schon seit Jahrzehnten nicht mehr gegeben. Griechischen Fachleuten war damals schon klar, dass die »Struktur der öffentlichen Finanzen« auch für die Zukunft hohe Defizite zur Folge haben würde.

(2.)

Griechenland konnte sich damals darauf verlassen, bei weitem nicht der einzige Beitrittskandidat zu sein, dessen Gesamtverschuldungsniveau weit über dem 60 Prozent Kriterium lag. Mit Italien und Belgien gab es zwei Staaten, die sogar verhältnismäßig noch höher verschuldet waren. Aus politischen Gründen waren aber diese beiden Staaten als Mitglieder in der Euro-Währungsunion quasi gesetzt. Immerhin waren es Gründungsmitglieder der Europäischen Gemeinschaft.

Es war der griechischen Administration daher klar, dass eine Aufnahme möglich war, ohne dass dieses Kriterium tatsächlich erreicht wurde.

Entscheidend war schlussendlich auch nicht dieses Kriterium, sondern das 3 Prozent Kriterium der öffentlichen Neuverschuldung. Der griechischen Regierung war klar, dass sich an dieser Hürde ein Beitritt entscheiden würde. Darum legte die griechische Regierung hier besonderen Wert auf »gute Zahlen« und dabei wurde wirklich mit allen Tricks gearbeitet. Die von der griechischen Regierung gemeldeten Werte sollten unter der 3 Prozent-Messlatte liegen. Das war ein staatspolitisches Ziel der höchsten Kategorie.

Dabei waren die Ausgangsvoraussetzungen denkbar schlecht. Bedauerlicher Weise stand Griechenland zudem mit seinen katastrophalen Werten weit abgeschlagen alleine auf dem letzten Platz. Selbst Italien stand ein ganzes Stück vor Griechenland. Hier half also ein bisschen mogeln nicht weiter. Hier musste planmäßig und systematisch gefälscht werden. Hierzu holte sich die griechische Administration sogar duzende von »Spezialisten« aus Westeuropa und den USA nach Athen. Ich nenne keine Namen, um mir juristischen Ärger zu ersparen. Es ist jedoch allgemein bekannt, dass sich renommierte Banken und Unternehmensberatungsgesellschaften an diesen Maßnahmen beteiligten. Dabei wurde in zwei Richtungen vorgegangen:

1. Verschleierung von Staatsschulden

Auf der einen Seite betrieb die Regierung alle Maßnahmen, um durch Bilanztricksereien die Schulden zu reduzieren. Es wurden Geschäfte getätigt, die im Ergebnis die griechische Neuverschuldung geringer erscheinen ließen. Als probates Mittel erschienen hier »Cross Currency Swaps«. Durchgeführt wurden diese Geschäfte, sowie ähnliche Transaktionen mit Finanzderivaten von internationalen Banken in London und New York.

Das Ergebnis dieser Geschäfte war ein optisch geringerer Schuldenstand. Dieser reduzierte Schuldenstand existierte jedoch tatsächlich nur auf dem Papier. In der Realität haben diese Transaktionen sogar dazu geführt, dass sich die Staatsverschuldung erhöht hat. Außerdem zahlte die griechische Administration für derartige Geschäfte den beteiligten Banken Provisionen von zirka 450.000.000 US-Dollar.

Es gab beispielsweise kurz vor der Einführung des Euro ein Projekt des griechischen Finanzministeriums mit dem Namen »Aeolos« (griechischer Gott des Windes). Bei diesem Projekt wurden bei einer New-Yorker Bank Cross-Currency-Swaps im Wert von 10 Milliarden US-Dollar getätigt. Im Ergebnis nur dieser einen Transaktion fielen Kosten in der Höhe von über einhundert Millionen US-Dollar an und der griechische Schuldenstand reduzierte sich kurzfristig auf dem Papier um rund eine Milliarde Dollar.

2. Fälschung von Unterlagen

Die im ersten Punkt aufgeführten Geschäfte mit Finanzderivaten waren zweifelhaft und wirtschaftlich unklug, jedoch bewegten sie sich nicht im Bereich der Illegalität. Da die Finanzlöcher in Griechenland aber so groß waren, dass diese Maßnahmen nicht ausreichten, wurden sie durch weitere Maßnahmen ergänzt, die hoch kriminell und betrügerisch waren.

So wurden beispielsweise Haushaltsposten komplett aus der Statistik entfernt, um das Volumen des Staatshaushaltes geringer erscheinen zu lassen. Es hätte damals gereicht, wenn die Kontrolleure in Brüssel und Frankfurt am Mai einen Auszubildenden aus dem ersten Lehrjahr an das griechische Zahlenwerk gesetzt hätten. Man hätte nur die Haushaltsposten auf Plausibilität überprüfen müssen und dann sofort feststellen können, dass ganze Ausgabenbereiche gar nicht aufgeführt wurden. Besonders löchrig waren die Angaben aus dem Verteidigungsministerium. Hier fehlten Ausgabenposten in Milliardenhöhe. Andere Posten wurden willkürlich reduziert.

In Zahlen sah das Ergebnis dann wie folgt aus:

Auf der Basis der von der griechischen Regierung gelieferten Daten, übermittelte das Statistische Bundesamt der Bundesregierung folgende Haushaltssalden für Griechenland:

1998: -3,1 Prozent

1999   -1,8 Prozent

2000   -1,1 Prozent

Für das Jahr 2001 wurde sogar ein Überschuss im griechischen Staatshaushalt von 0,4 Prozent prognostiziert.

(Quelle: Deutscher Bundestag – 14. Wahlperiode Drucksache 14/8084 Antwort des Parlamentarischen Staatssekretärs Karl Diller auf eine Anfrage des Abgeordneten Herbert Frankenhauser)

Bei diesen Zahlen stützte sich das Statistische Bundesamt auf Angaben aus der Herbstprognose 2001 der EU-KOM. Diese wiederrum bezog sich auf Daten der griechischen Statistikbehörde.

Um diese Zahlen richtig einordnen zu können sollte man sich die Angaben der griechischen Statistiker zu den Haushaltsdefiziten vor dem Beitritt in die Euro-Währungsunion anschauen:

1985   -11,6 Prozent
1990   -15,9 Prozent
1991   - 11,5 Prozent
1992   . 12,8 Prozent
1993   -13,8 Prozent
1994   -10,0 Prozent
1995   -10,2 Prozent

Es ist logisch, wirtschaftlich und fiskalpolitisch überhaupt nicht erklärbar, warum die griechischen Staatsfinanzen in nur fünf Jahren ihre Neuverschuldung komplett beendet haben sollten. Trotz Reformanstrengungen und Wirtschaftswachstum waren die Angaben für die Jahre ab 1997 nicht erklärbar. Um diesen Fehler zu erkennen hätte es schon ausgereicht, Daten aus öffentlich zugänglichen Quellen auszuwerten.

Es ist überhaupt nicht nachvollziehbar und unentschuldbar, dass diese Widersprüche damals niemandem aufgefallen sein sollten. Selbst die stets hochgelobte Deutsche Bundesbank hat in ihren Veröffentlichungen fast gleichlautende Daten verwendet und nicht „hörbar" auf die Diskrepanzen hingewiesen.

Ich persönlich erkläre mir das mit der Überheblichkeit und Maßlosigkeit der Eurobürokraten. Für mich haben die Beteiligten durch diese Fehler ihre Inkompetenz eindrucksvoll unter Beweis gestellt.

Soweit ich es in Erfahrung bringen konnte, hatten diese historischen und verhängnisvollen Fehler für keine der beteiligten Personen irgendwelche Konsequenzen.

Auf der Basis dieser gefälschten und nur schlampig geprüften Zahlen stimmten die EU-Finanzminister am 5. Juni 2000 der Aufnahme Griechenlands in die Eurozone zu. Am 1. Januar 2001 wurde Griechenland zwölftes Mitglied der Eurozone. Schon im Jahr 2002 sickerten erste Berichte über gefälschte griechische Haushaltszahlen aus Brüssel an die Öffentlichkeit durch. Anfangs wurde noch nicht einmal dementiert. Von dem wahren Ausmaß der Fälschungen konnte man sich auch jetzt noch kein Bild machen. Intern wurden die Defizitwerte jedoch schon moderat korrigiert.

Trotzdem ging das Fälschen fröhlich weiter. Um die Regierungen der Eurozone zu beruhigen wurden von Griechenland in den Jahren von 200 2bis 2010 jedes Jahr fantastische Wachstumswerte der Volkswirtschaft gemeldet. So wollte man das angeblich hohe Wirtschaftswachstum als Lösung des Schuldenproblems verkaufen.

Allein für die Jahre 1999 bis 2007 meldete die griechische Regierung ein durchschnittliches jährliches Wachstum von 4,2 Prozent. Das war einer der besten Werte in der Eurozone. Zum Vergleich meldete Deutschland für diesen Zeitraum ein wirtschaftliches Wachstum von 1,6 Prozent im Jahresdurchschnitt.

Auch diese Wachstumsraten wurden nicht hinterfragt. Schnell hätte jedem klar sein müssen, dass sie fast ausschließlich aus privaten Konsum und öffentlicher Neuverschuldung zu erklären waren. Damit führten diese hohen Wachstumsraten nicht etwa zum Abbau der Staatsdefizits, sondern lediglich zu weiteren Verschuldung.

Euros, Wirtschaft und Konsum (2001-2009)

Mit der Einführung des Euros begann für Griechenland eine neue Epoche. Der Staat konnte sich mit Milliarden von Euro vollsaugen und tat es auch. Es begann eine Phase des schuldenfinanzierten und manipulierten Wirtschaftswachstums. Jetzt wo es den Euro gab, schienen sich alle Probleme der Vergangenheit von alleine zu lösen. Musste der griechische Staat sich vor der Einführung des Euro sein Geld noch teuer und aufwendig auf den Kapitalmärkten besorgen, so standen ihm jetzt mit Staatsanleihen in Euro ganz andere Möglichkeiten offen. In den Anfangsjahren des Euros war es für Griechenland überhaupt kein Problem sich viele Milliarden Euro auf den internationalen Kapitalmärkten zu moderaten Zinsen zu beschaffen.

Griechische Staatsanleihen hatten sogar einen guten Ruf und wurden weltweit von Banken, Versicherungen und Pensionsfonds gekauft.

Dabei begann die Periode von Wachstum und Wohlstand mit Katzenjammer. Bereits im August 2002 berichteten die Medien europaweit über Manipulationen der griechischen Regierung im Zusammenhang mit der Euroeinführung. Spätestens zu diesem Zeitpunkt hätten in Frankfurt am Main bei der EZB alle Alarmglocken läuten müssen. Das geschah aber vorerst nicht.

Im Jahr 2004 überschlugen sich dann die Ereignisse. Im Zusammenhang mit den Baumaßnahmen zur Durchführung der Olympischen Spiele wurde offensichtlich, dass das griechische Haushaltsdefizit sich weit weg von den offiziellen Zahlen bewegte. Allein für die Ausrichtung der Olympischen Spiele brachte die griechische Regierung mehr als 6 Milliarden Euro aus Krediten auf.

Da es gar nicht mehr zu verhindern war wurden auch die offiziellen Zahlen zum Haushaltsdefizit nachträglich korrigiert, sowie die Prognose angepasst. Das geschah aber nach der so genannten Salamitaktik. Korrigiert wurde stets nur das, was offensichtlich nicht mehr zu leugnen war. Man könnte auch sagen, dass die griechische Regierung mit der Wahrheit nur scheibchenweise herausrückte.

Im September 2004 korrigierte die griechische Regierung ihre Angaben über das Haushaltsdefizit für das Jahr 2000 auf -4,1 Prozent. Dieser Wert wurde später weiter korrigiert. Zu diesem Zeitpunkt stand also offiziell fest, dass Griechenland die Beitrittskriterien aus dem Maastricht-Vertrag zu keinem Zeitpunkt erfüllt hatte.

Noch aber wähnte man sich in Sicherheit. Aufgrund der nach wie vor hohen Wachstumsraten in Griechenland, sah man weiterhin die Möglichkeit den Staatshaushalt zu konsolidieren. Dabei hatte diese Politik von der Tilgung der Staatsschulden durch angeblich hohes Wirtschaftswachstum bereits etwas von einem Schneeballsystem.

Auch im Jahr 2004 wurden seitens der europäischen Institutionen noch keine verstärkten Anstrengungen unternommen, die griechische Situation detailliert zu analysieren. Dieses ist besonders unverständlich, da zu diesem Zeitpunkt noch die Möglichkeit bestand mit geeigneten Mitteln in den Prozess einzugreifen und den Schaden niedrig zu halten. Die Tatsache dass im Jahr 2004, trotz eindeutiger Datenlage, weiterhin nichts unternommen wurde ist für mich das größte Versäumnis der Eurobürokratie.

Anstatt also im Jahr 2004 die griechische Problematik umfassend zu analysieren leitete die EU-Kommission ein formales Defizitverfahren ein. Wie im Reflex lieferte die griechische Regierung neue Zahlen und verpflichtete sich zu verstärkten Sparmaßnahmen. Darüber hinaus kam immer der Verweis auf die phantastischen Wachstumsraten der griechischen Wirtschaft. Bei derartigem Wachstum sollten sich die fiskalen Probleme doch eigentlich von alleine lösen.

Für mich sind die Jahre 2004 und 2005 die eigentlichen Schlüsseljahre der Griechenlandkrise. Zu dieser Zeit hätte man die Probleme noch in den Griff bekommen können. Statt diese Chancen aber zu nutzen, wurden die Möglichkeiten verschlafen. Für mich sind das die eigentlich »verlorenen Jahre« für Griechenland und den Euro.

Zu der Zeit war die Krise aber noch nicht in Griechenland bei den Menschen angekommen. Die Jahre waren geprägt von hohem Wirtschaftswachstum. Es war aber kein Wirtschaftswunder, sondern ein auf Pump finanziertes Strohfeuer. In den ersten Jahren nach der Euroeinführung stiegen vor allem der private Konsum und die öffentlichen Investitionen. Das Wachstum dieser beiden Bereiche wurde dabei in erster Linie mit Krediten finanziert. Vernachlässigt wurden Investitionen in die private Wirtschaft. Man kann fast sagen, dass es eine Zeit der »Deindustrialisierung« war. Das Volumen der jährlichen Anlageinvestitionen halbierte sich. Die öffentliche Verschuldung wuchs ungebremst.

Griechenland verlor international von Jahr zu Jahr an Wettbewerbsfähigkeit. Die Exporte gingen weiter zurück, während die Importe kräftig und sprunghaft anstiegen. Von alle dem merkte man nichts, wenn man durch Griechenland fuhr. Es war sogar das Gegenteil der Fall. Griechenland schien sich in diesen Jahren in einem regelrechten Konsumrausch zu befinden. Diesen Konsumrausch bemerkte man als erstes am Bauboom. Sowohl private Haushalte als auch der Staat bauten in einem nie gekannten Ausmaß. Nicht nur in den großen Städten, sondern auch abseits auf dem Land wurde neugebaut und modernisiert. Das Ergebnis kann man heute noch bestaunen. Gut ausgebaute Straßen und teuer gebaute Wohnhäuser findet man in Griechenland überall.

Wenn man heutzutage durch Griechenland fährt, denkt man nicht unbedingt, dass es sich hier um ein Land mit einer verarmten Bevölkerung handelt. Damit meine ich nicht nur die mondänen Ortschaften auf einigen Inseln und an den Küsten mit ihren Villen und schier zahllosen privaten Yachten.

Natürlich gibt es sie auch, die heruntergekommenen Viertel in den Städten und die verlassenen Dörfer auf dem Land. Es stimmt auch, dass gerade in diesen Gegenden der Verfall und die Armut mit den Händen zu greifen sind.

Aber neben diesen Extremen, hat man in Griechenland im Regelfall nicht den Eindruck, als befände man sich in einem überschuldeten und verarmten Land. Zumindest nicht bei der oberflächlichen Betrachtung. In den meisten Städten und kleineren Ortschaften hat man sogar den Eindruck, als gäbe es hier den Wohlstand breit verteilt.

Fährt man durch das östliche Brandenburg oder bestimmte Bezirke in Berlin, wie etwa Neukölln, so kommt einem Griechenland sogar wohlhabend und geradezu reich vor.

In der Ortschaft, in der meine Wohnung lag, habe ich die Entwicklung des wachsenden privaten Konsums einerseits, und der nachlassenden Investitionstätigkeit andererseits gut beobachten können. Veränderungen waren von Jahr zu Jahr feststellbar. Die Ortschaft erlebte eine regelrechte Blüte. Zumindest hätte man das aus der Bautätigkeit und den vielen neuen Autos schließen können. In diesen Jahren schien der Wohlstand im Ort ausgebrochen zu sein. Viele Wohnhäuser wurden renoviert oder zumindest modernisiert. In dieser Zeit wuchs auch der private Fuhrpark der Bewohner. Unter den Fahrzeugen waren viele teure Autos aus Deutschland. Wenig tat sich hingegen in der Infrastruktur. Die Straßen wurden kaum instandgehalten und es entstanden keine, neuen, öffentlichen Gebäude. Es gab drei kleinere Fabriken. Die machten schon von außen keinen modernen Eindruck, schienen aber einigen Duzend Menschen Arbeit zu geben.

Bereits 2006 schien diese Situation zu kippen. Es wurde zwar immer noch viel gebaut aber man sah kaum noch griechische Arbeiter auf den Baustellen. Praktisch vor jeder zweiten Baustelle stand ein Kleinbus mit bulgarischem Kennzeichen.

Außerdem war der Niedergang der kleinen Fabriken in der Umgebung nicht zu übersehen. Von diesen kleinen und veralteten Fabriken gab es noch einige Jahre zuvor etliche in den einzelnen Ortschaften nördlich der Stadt Drama. Zwischenzeitlich waren sie aber alle stillgelegt worden und die Gebäude verkamen. Was war geschehen?

Seit dem Beitritt Bulgariens in die Europäische Union, hatten die Eigentümer dieser Betriebe angefangen, sie nach Norden, über die Grenze zu verlegen. Die Belegschaften in Griechenland wurden komplett entlassen. In den neuen Fabriken arbeiteten nur noch Bulgaren. Für die Eigentümer schien sich das zu rechnen. Da sie mit ihren Betrieben jetzt außerhalb der Eurozone aber innerhalb der Europäischen Union produzierten, waren sie wieder konkurrenzfähig. Jede einzelne dieser Betriebe hatte bereits mit seinen Füßen abgestimmt und sich gegen ein Griechenland in der Eurozone entschieden. Auch das war ein eindeutiges Indiz für die schädliche Wirkung des starken Euros auf die Wettbewerbsfähigkeit der griechischen Wirtschaft. Während die griechische Grenzregion an Wirtschaftskraft verlor, gab es nördlich der Grenze in Bulgarien ein kleines Wirtschaftswunder.

In unserer Ortschaft gingen außer dem Periptero alle Einzelhandelsgeschäfte kaputt und schlossen. Das lag aber nicht an der Nahen Grenze nach Bulgarien, sondern an einer Filiale eines großen deutschen Diskounters. Dieser hatte einen großen Markt an der Ausfallstraße eröffnet.

Dort konnte man jetzt bulgarischen Schafskäse kaufen, der 20 Prozent billiger war als griechischer Schafskäse und dann noch von besserer Qualität.

Der gesamte Bauboom im der Region rund um Drama stand von Anfang an auf tönernen Füssen. Finanziert und gebaut wurde nämlich nach der Methode des ehemaligen Bundespräsidenten Christian *****. Das geht in etwas so: Man leiht sich 500.000 Euro und baut oder kauft mit diesem Geld ein Haus für 420.000 Euro. Bei uns ging das damals folgender Maßen. Man lieh sich bei einer Bank 200.000 Euro für einen Neubau oder einen Umbau. Als Sicherheit räumte man der Bank ein Grundpfandrecht an dem entsprechenden Grundstück ein. Dann ließ man die Baumaßnahmen durchführen und bezahlte insgesamt 120.000 Euro dafür. Die restlichen 80.000 Euro wurden für ein Auto, Möbel und ähnliches ausgegeben. Natürlich rechnete man mit dem Bauunternehmer nur 80.000 Euro ab. Die restliche Zahlung erfolgte schwarz. So hatte die Bank ein Darlehn ausgereicht, das im günstigsten Fall zu 50 Prozent besichert war.

Das sind die richtigen Zutaten für eine Immobilienblase und toxische Immobilienkredite. Es waren dann auch die Ausfälle bei Immobilienkrediten, die die Zahlungsschwierigkeiten bei den großen griechischen Banken mit verursachten.

Das Märchen von der Rettung (2010-2013)

Die Geschichte von der Griechenlandrettung ist ein Märchen. Die Wahrheit ist, dass wir die Griechen in die Arbeitslosigkeit und ihre Volkswirtschaft auf Talfahrt schicken und mit vielen Milliarden Euros Spekulanten und Hedge Fonds füttern. Im Interesse der Menschen in Deutschland und in Griechenland sollten wir diese ziellosen Rettungsaktionen lieber heute als morgen einstellen. Die eigentliche Rettung besteht darin, jede Volkswirtschaft mit der für sie passenden Währung zu versehen. Es ist besser wenn jedes Volk souverän über seine Wirtschaftspolitik entscheidet. Ein Diktat aus dem fernen Brüssel hebelt nicht nur Demokratie und den Willen des Volkes aus, sondern orientiert sich kaum noch an den gesellschaftlichen Realitäten der Menschen.«

Im Zusammenhang mit der »Griechenlandrettung«, ist die Wahrheit schon längst auf der Strecke geblieben. Gerade die, die es eigentlich wissen müssten, beteiligen sich am aktivsten an der Legendenbildung und Märchenstunde. Schon das Wort »Griechenlandrettung« trifft nicht zu. Gerettet werden weder die Griechen noch der griechische Staat.

Da hat sich ausgerechnet der Bundeswirtschaftsminister Dr. med. Philipp Rösler (FDP) im ARD Sommerinterview erfrischend ehrlich geäußert. Dort äußerte er, dass er kaum noch eine Chance für den Verbleib Griechenlands in der Euro-Zone sähe. Ein solcher Austritt hätte für ihn zudem längst seinen Schrecken verloren.

Wörtlich sagte Dr. med. Philipp Rösler:

"Die Griechen werden dann selber zu der Überzeugung kommen, dass es vielleicht klüger ist, aus der Euro-Zone auszutreten." (Quelle: ARD-Sommerinterview im Bericht aus Berlin 22.07.2012)

Dann gibt es das Märchen von der Rückzahlung der griechischen Schulden. Man muss sich eigentlich nur den aktuellen Schuldenstand und die Verfasstheit der griechischen Wirtschaft anschauen, um zu bemerken, dass eine vollständige Rückzahlung aller Schulden gar nicht möglich sein wird.

Schon heute wird mit buchhalterischen Tricks gearbeitet. Schulden werden weder beglichen noch verringert. Die vielen Milliarden Euro der »Rettungsschirme« dienen nur noch dazu Zeit zu kaufen.

Es ist unstrittig, dass Griechenland sowohl im Jahr 2012 als auch im Jahr 2013 die Staatsverschuldung nicht verringert hat. Realität ist auch, dass in diesen Jahren die griechische Regierung die laufenden Ausgaben nicht mit den laufenden Einnahmen decken konnte. Der griechische Staat nimmt ständig neue Schulden auf, um nicht zahlungsunfähig zu werden.

Die Neuverschuldung des griechischen Staates ist bezogen auf das BIP nach wie vor eine der höchsten aller europäischen Staaten. Da unter normalen Umständen niemand mehr dem griechischen Staat Geld leiht, geht es um Milliarden Euro, für die beispielsweise der deutsche Steuerzahler haftet.

Dann gibt es noch das Märchen von den ersten wirtschaftlichen Erfolgen der Sparpolitik in Griechenland. Die Wahrheit ist, dass es weder gelingt die griechische Volkswirtschaft zu stabilisieren, noch die Staatsfinanzen zu sanieren. Die griechische Wirtschaft leidet unter dem »starken« Euro, der wie ein Mühlstein an ihr hängt und sie daran hindert Wettbewerbsfähigkeit zurückzugewinnen. In Griechenland wachsen Arbeitslosigkeit und Schattenwirtschaft und erreichen ständig neue Höchststände. Besonders unter jungen Menschen in Griechenland ist die offizielle Arbeitslosigkeit und die Schwarzarbeit fast schon der Normalfall.

Bei den öffentlichen Finanzen sieht es nicht besser aus. An ein Absenken des Schuldenstands durch strukturelle Maßnahmen ist überhaupt nicht zu denken. Stattdessen werden die Schulden umgebucht, von der EZB aufgekauft oder durch Rückkaufprogramme von Staatsanleihen von den Gläubigern abgeschrieben.

Das alles führt dazu, dass Wut, Hoffnungslosigkeit und Verzweiflung in der griechischen Bevölkerung von Tag zu Tag wachsen. Die griechische Jugend fühlt sich mehr und mehr um ihre Zukunft betrogen.

Vor einigen Wochen war ich auf Zypern. Ich kann diese Insel wirklich nur jedem empfehlen, der ein paar Tage Sonnenschein tanken möchte. Eigentlich kenne ich Zypern ziemlich gut. Dieses Mal war aber alles anders. Ich war froh als ich nach ein paar Tagen wieder im Flieger saß. Ich kenne das schon aus Griechenland. Im Moment sind die Menschen dort nicht gut auf Deutsche zu sprechen. Die Stimmung auf Zypern ist aber eine andere als die Stimmung in Griechenland.

In Griechenland sind die Antipathien gegen deutsche Touristen und die Hasstriaden gegen Frau Merkel von wenigen Medien und politischen Parteien gezielt gesteuert wie Kampanien. Es sind nur ein paar wütende Berufsdemonstranten in Athen, die deutsche Fahnen verbrennen oder Frau Merkel mit Hitler vergleichen. Dahinter steckt politisches Kalkül und nicht die Meinung der Griechen.

Der Großteil der griechischen Bevölkerung lehnt zwar mittlerweile die Rettungspolitik der Bundesregierung vollständig ab, ist aber durchaus in der Lage Ursache und Wirkung zu unterscheiden.

Ich habe für die Ängste und Sorgen der Griechen Verständnis. Die Menschen in Griechenland verstehen die Politik der Eurostaaten nur noch als fremdgesteuerte Bevormundung und Diktat. Vor allem aber bemerken sie im täglichen Leben, dass sich nichts verbessert. Sie erleben mit, wie ihr Land von Tag zu Tag tiefer in die Krise rutscht.

Die Lage der Bevölkerung auf Zypern ist eine andere. Die Maßnahmen der Eurostaaten waren von Beginn an viel radikaler. Daher ist die Wut auch noch größer. Dabei sind es die europäischen Steuerzahler, die auf die zypriotische Regierung wütend sein sollten. Letztlich zahlen wir jetzt alle für ein zypriotisches Geschäftsmodell aus Steuerhinterziehung und Geldwäsche. Die zyprische Finanzkrise ist auch keine Staatsschuldenkrise, sondern eine lupenreine Bankenkrise. Verursacht wurde sie durch ein »Geschäftsmodell«, das darauf angelegt war Schwarzgeld aus zwielichtigen Quellen in die Europäische Union zu schleusen. Das ist mit der Situation in Griechenland nicht vergleichbar.

Trotz der radikalen Maßnahmen auf Zypern, die bis zu einer faktischen Kapitalverkehrslenkung und Teilenteignung gehen, ist die Situation der Menschen auf Zypern weniger dramatisch, als die der Menschen in Griechenland. Zypern wird jetzt seinen Bankensektor schmerzvoll und teuer gesundschrumpfen und sich dann wieder wirtschaftlich erholen. Da ist die Situation in Griechenland eine ganz andere. Hier leiden die Menschen täglich unter den Rettungsmaßnahmen. Und natürlich verläuft das alles nach einem bekannten Muster: Die kleinen und einfachen Menschen müssen darben und die Reichen profitieren.

Die Krise ist in Griechenland jetzt selbst im kleinsten Ort angekommen. Die Menschen spüren sie jeden Tag und in fast jeder Lebenslage. Und mit der Krise kam auch das Misstrauen. Dieses Misstrauen richtet sich gegen die Europäische Union, den griechischen Staat, die Verwaltung, die Banken und natürlich gegen jedes einzelne Sparpaket.

Am stärksten betroffen sind die Ärmsten und Schwächsten der griechischen Gesellschaft. Wirst du schwer krank und verfügst du nicht über ausreichend Geld, dann kann für dich die Krise sogar tödlich enden. Teure Medikamente und aufwendige Therapien erhalten die Menschen in Griechenland nur noch gegen Bargeld.

Hast du Ansprüche gegen den griechischen Staat, dann wirst du selbst bei eindeutiger Rechtsgrundlage zum Bittsteller ohne Aussicht auf Erfolg.

Viele Menschen in Griechenland haben Angst vor den kalten Jahreszeiten. Nicht nur für private Haushalte, sondern auch für Schulen, Universitäten, Altenheime und Krankenhäuser ist Heizöl kaum noch zu bezahlen.

In Griechenland verkommt die Infrastruktur, die Bildung wird vernachlässigt und selbst Polizei und Zoll können ihre Aufgaben kaum noch angemessen erfüllen. Griechenland ist kaum noch in der Lage seine EU-Außengrenzen zu überwachen und wird zum Einfallstor und Transitland für Rauschgifthandel, Schlepperei und illegale Einwanderung in die EU.

Das alles bedeutet wirtschaftlichen Niedergang und hat mit Rettung nichts zu tun.

Grenzenloses Verbrechen

Ich habe meine Kindheit und Jugend in Flensburg verbracht und schon damals gelernt, Grenzen für mich zu nutzen. Damals gab es in Europa noch »richtige« Grenzen mit Waren- und Personenkontrollen. Und damals gab es auch Typen wie mich, die es verstanden davon zu profitieren. Schmuggel gibt es seitdem es Grenzen gibt. Damals in den frühen siebziger Jahren gab es tatsächlich noch richtigen Schmuggel an der deutschen Grenze nach Dänemark. Die Gründe für den Schmuggel sind stets die gleichen. Entweder geht es um große Preisdifferenzen und Verfügbarkeit von Waren oder um unterschiedliche gesetzliche Rahmenbedingungen in den angrenzenden Ländern. Das Verbot einer Ware in einem Land ist dabei für den Schmuggler immer der Glücksfall.

Als junger Kerl besaß ich schon genug kriminelle Energie, um Schmuggel als eine lukrative Betätigung für mich zu enddecken. Wir schmuggelten damals in beide Richtungen. Nach Dänemark brachten wir Markenspirituosen und zurück nahmen wir pornographische Magazine mit.

Dabei nutzten wir den oben beschriebenen Mechanismus. Alkohol wurde damals in Dänemark sehr hoch besteuert. In Deutschland hingegen war die Besteuerung moderat. Die Preisdifferenz die sich daraus ergab machte damals den Schmuggel für uns interessant.

Schon mit 16 Jahren war ich sehr aktiv. Wir organisierten wöchentlich unsere Schmuggeltouren über die Grenze. Dabei waren wir »kleine Fische« und bei unseren Schmuggeltouren blieb nicht viel mehr hängen als ein gutes Taschengeld.

Wir kauften damals in Flensburg Markenspirituosen und brachten sie mit unseren Fahrrädern über die grüne Grenze nach Dänemark. Dabei ging es um einen Gewinn pro Flasche von circa acht bis zehn Mark.

Wir kannten gute Wege über die Grenze und hatten zuverlässige Abnehmer auf der dänischen Seite. Unsere »Kunden« waren einige dänische Kioskbetreiber. Dort verkauften wir den Sprit nicht nur, sondern kauften auch skandinavische Pornohefte. Sexhefte gab es damals zwar auch schon in Deutschland zu kaufen, die aus Dänemark waren aber härter und vor allem viel billiger. Wir haben diese Hefte dann an Gleichaltrige verkauft.

Das war die Zeit, als es in Deutschland noch den Schulmädchenreport und die oberbayerischen Softpornos gab. Da ging es in dänischen Magazinen und Filmen ganz anders zur Sache. Dort gab es für kleines Geld Pornos ohne jegliche Tabus legal zu kaufen. Von mir aus hätte das jahrelang so weiter gehen können. In Flensburg profitierten viele von der Grenze oder hatten zumindest ihren Spaß mit ihr. Wir alle liebten die Butterfahrten und deckten uns auf den Schiffen hauptsächlich mit Zigaretten ein. Wenn es damals nach uns und den meisten Flensburgern gegangen wäre, dann hätte die Grenze ruhig weiter bestehen können. Viele der Dänen sehen das offensichtlich genauso. Weder den vollständigen Wegfall ihre Grenze noch die Abschaffung ihrer Währung haben die Dänen bis heute vollzogen. Zu beidem wird es auch nie kommen, solange das dänische Volk hierzu befragt werden wird. Trotzdem oder vielleicht gerade deswegen gibt es in Dänemark weniger Euroverdruss als in Griechenland oder Deutschland. Überhaupt gefällt mir die dänische Europapolitik schon seit vielen Jahren besser als die deutsche. Die Dänen haben die richtige Balance aus Kritik an Europa und Kooperation unter den Staaten der Gemeinschaft gefunden.

Ich habe ihnen diese kurze Geschichte aus meiner Jugend nicht erzählt, um in pubertären Erinnerungen zu schwelgen, sondern weil sie sehr viel mit der Situation zu tun hat wie wir sie heute im Europa der Schengen Staaten wiederfinden. Auch am Schengener Übereinkommen kann man sehen, dass gut gemeint nicht gut gemacht bedeutet. Auch das Schengener Übereinkommen zeigt in der täglichen Praxis, was passiert wenn man einen wirtschaftlich sehr heterogenen Raum zusammenfasst. Wie auch bei einer Gemeinschaftswährung gibt es Gewinner und Verlierer.

Die großen Gewinner des Schengener Übereinkommens sind Kriminelle. Vor allem die organisierte Kriminalität genießt die Reisefreiheit und den Wegfall von Grenzkontrollen in vollen Zügen.

Für die organisierte Kriminalität stellt sich Europa zurzeit wie folgt dar:

Auf der einen Seite gibt es einen gemeinschaftlichen Wirtschaftsraum, indem sich Kriminelle frei und gänzlich unbehelligt von Justiz und Polizei bewegen können.

Auf der anderen Seite gibt es Staaten, die in der Verbrechensbekämpfung praktisch überhaupt nicht vernetzt zusammenarbeiten. Es fehlt ein gemeinschaftlicher rechtlicher Rahmen.

Dieses Dilemma wird offensichtlich, wenn man sich die Muster einzelner Verbrechen anschaut. Beispielsweise verübt eine Bande aus Bulgarien einen Wohnungseinbruch in Berlin. In nicht einmal zwei Stunden kann dann diese Bande einschließlich des Diebesgutes die Grenze nach Polen überqueren. Eine Grenzkontrolle hat die Bande hierbei praktisch nicht zu befürchten. Außerdem reist die Bande in der Regel aus Deutschland aus, bevor der Einbruch überhaupt der Polizei gemeldet wurde. Weder nach dem Diebesgut noch nach den Einbrechern wird zu diesem Zeitpunkt gefahndet.

Polen ist aber nicht die Endstation der Reise, die man kaum noch als Flucht bezeichnen kann. In Polen wird das Diebesgut übergeben und die Bande teilt sich. Das Diebesgut wird im baltischen Raum vermarktet, die Einbrecher reisen in Richtung Balkan. Von dort aus werden sie zu neuen

Einsatztruppen formiert und beispielsweise in Belgien oder Frankreich eingesetzt. Der nächste Einbruch in Berlin wird dann in kürze von einem neuen Team durchgeführt. In Berlin bleiben nur die Späher der Bande, die ständig nach interessanten Lagen für weitere Einbrüche suchen. Hierbei geht es nicht um einzelne Taten, sondern um ganze Serien. Nach analogem Muster verlaufen der Menschenhandel, die Zwangsprostitution, der Drogenhandel und große Teile der organisierten Schwarzarbeit. Die Einsatzorte sind aber längst nicht mehr nur grenznahe Region, sondern das gesamte westliche Europa. In Deutschland ist praktisch jede Stadt betroffen.

Mit anonymen Prepaidhandys und dem Internet können Banden den gesamten Verlauf ihrer Einbruchsserien abhörsicher planen und koordinieren. Derartige Banden arbeiten hochvernetzt und mit modernster Technik.

Welche Möglichkeiten stehen der Polizei zur Verfügung? Während die Kriminellen einen Raum ohne Grenzen systematisch nutzen können, existieren für die Strafverfolgung zwischen den Staaten undurchdringliche Mauern und Demarkationslinien. Für die deutsche Polizei endet die Verfolgung an der polnischen Grenze. Bevor die polnische Polizei überhaupt tätig werden kann befinden sich die Einbrecher und das Diebesgut schon lange nicht mehr in Polen. Die weiteren Transitländer und die eigentlichen Ziele bleiben meistens unbekannt.

Längst haben zudem die Wirtschaftskriminellen gelernt sich in diesem Raum profitabel zu bewegen und beste Geschäfte zu machen. Die öffentlichkeitswirksamsten Beispiele findet man in dem Missbrauch von Werkverträgen und bei Mehrwertsteuerkarussellen. Der hierdurch bereits entstandene Schaden dürfte im Milliardenbereich liegen. Dabei steht dieser Kriminalitätszweig erst am Anfang seiner Möglichkeiten.

Aber nicht nur großen kriminellen Organisation bietet Europa ein ideales Biotop. Auch kleine Ganoven können profitieren. In einem Wirtschaftsraum ohne Grenzen indem sich die einzelnen Staaten verwaltungstechnisch wie Inseln organisiert haben ist Platz für große und kleine Gauner. Wie die Polizei arbeiten auch Steuerfahndung und öffentliche Verwaltungen in Europa über die Grenzen hinweg kaum gemeinsam. Aber genau dieses hätte man abschließend regeln sollen, bevor man den Schengen Raum installierte. Dazu kann ich nur sagen: »Typisch Europa!« Wie der Euro war das Vertragswerk von Schengen eine großartige Vision, die leider grottenschlecht umgesetzt wurde und jetzt mehr schadet als sie nutzt. Wenn sie also demnächst mal wieder von Gammelfleisch in Fertiggerichten hören, dann kann das auch mit Schengen und dem Euro zusammenhängen. Wenn sie bemerken, dass auf dem Straßenstrich immer mehr junge Frauen mit schwarzen Haaren »freiwillig« stehen, dann ist das auch ein Ergebnis der grenzenlosen Reisefreiheit. Wenn sich in manchen Städten hunderte von Selbstständigen in nur wenigen verkommenen Wohnhäusern registrieren lassen, dann ist das ebenfalls ein Ergebnis dieser Politik.

Die Spur des Geldes

Der Umgang mit Schwarzgeld ist im Grunde ganz einfach. Stellt man es richtig an, dann kann einem auch kaum etwas passieren. Trotzdem ist es zwingend erforderlich, einige Regeln einzuhalten. Banker sind in diesem Zusammenhang übrigens die schlechtesten Berater. Zwar sind viele Banker geradezu darauf spezialisiert wohlhabende Kunden zur Steuerhinterziehung zu verleiten, wie man es aber richtig anstellt, wissen sie nicht. Bankern geht es verständlicherweise ausschließlich um die eigene Provision.

Meine Strategie zur Steuerhinterziehung kann ich in nur wenigen Sätzen zusammenfassen:

1. Traue keiner Bank!

Banken fungieren bei Steuerhinterziehung als Mitwisser, Anstifter und Profiteure. Sie sind in keinem Fall ein seriöser Partner. Ein seriöser Banker wird seinen Kunden stets und ausnahmslos von einem Steuerbetrug abraten.

2. Sei nicht zu gierig!

Schwarzgeld zur Seite schaffen ist eine Sache. Das funktioniert mehr oder weniger problemlos. Dazu brauchen Sie auch keine Bank. Gefährlich und dumm wird die Sache erst, wenn es um Erträge geht, die mit Schwarzgeld erwirtschaftet wurden. Noch dümmer ist es Erträge aus legalem Geld nicht zu versteuern. Davon sollten sie lieber die Finger lassen. Hier dürfen Sie nicht zu gierig sein.

Die dritte Regel, ist dabei die mit Abstand wichtigste. Trotzdem, scheinen gerade diese Regel viele Steuerhinterzieher auszublenden:

4. Vergiss niemals, dass Banken Kundendaten elektronisch speichern.

Überlegen Sie kurz, was mit Ihren Daten passiert, wenn ein Banker Ihre Daten in seinem Computer eingegeben hat. Nur in Bruchteilen von Sekunden nachdem die Enter-Taste gedrückt wurde sind ihre Daten unbemerkbar ausspähbar und kopierbar. Sich darauf zu verlassen, dass Ihre Daten lückenlos geschützt sind, ist einfach nur naiv.

Wenn Sie diese drei Regeln befolgen, dann ist einem der Erfolg schon zur Hälfte sicher. Was einem Steuerbetrüger aber zustoßen kann, wenn man diese einfachen Regeln nicht beherzigt, kann man sehr schön am Beispiel des Klaus Z. sehen.

Dabei hätte jemand wie er es eigentlich wissen müssen. Banken, Vermögensverwalter und Kapitalanlagegesellschaften arbeiten mit Computern. Diese Computer sind zu komplexen Systemen vernetzt. Diese Netzwerke sind weltweit miteinander verbunden. In diesen Netzwerken werden die Daten der Kunden irgendwo und mehrfach gespeichert und mehrfach redundant gesichert. Banken lassen ihre IT-Anlagen von Drittfirmen warten. Banken haben Angestellte, die Zugriff auf die Daten haben und den Wert und die Möglichkeiten dieser Daten erkennen. Es gibt Angestellte, Freiberufler und Mitarbeiter von Dienstleistern, die wissen wie man aus solchen Daten Geld machen kann. Es gibt Nachlässigkeiten, Fehler in IT- Sicherheitskonzepten und Schlendrian. Dann gibt es USB-Sticks und Smartphones mit ausreichenden Datenspeichern. Es gibt viele Schnittstellen, die oft unzureichend programmiert und nur in wenigen Fällen umfassend dokumentiert sind. Wenn Ihre Daten also irgendwo auf der Welt, in einem IT System gespeichert sind, dann gehen Sie mal davon aus, dass es bereits mehrere Kopien dieser Daten gibt. Es ist eigentlich nur eine Frage der Zeit bis diese Daten dann deutschen Finanzbehörden zum Kauf angeboten werden. Das alles ist so trivial, dass es eigentlich jedem klar sein müsste.

Egal ob sie ihr schwarzes Konto in Österreich, der Schweiz oder in der Karibik angelegt haben und sich durch ein Bankgeheimnis geschützt fühlen, ihre Daten sind einem mehr oder weniger großen Personenkreis problemlos zugänglich.

Da die deutschen Finanzbehörden sich gerne auf solche Geschäfte einlassen, ist in den letzten Jahren, regelrecht eine kleine Datenindustrie entstanden. In Zukunft wird sich dieser Trend sogar noch verstärken. Daten werden heute auch schon lange nicht mehr nur auf CDs gebrannt, sondern in gewünschtem Format auch über das Internet angeboten.

Jedem der sich nur halbwegs mit IT Systemen und organisatorischen Abläufen in Banken auskennt, muss das eigentlich klar sein. Warum trotzdem so viele darauf reinfallen, ist mir völlig unklar.

Bei dem Fall des Klaus Z. handelt es sich nicht um einen Einzelfall. Das Gegenteil ist der Fall. Täglich kommen neue Fälle hinzu. Das Angebot an Daten wächst rasant.

Da ich selbst Steuern im großen Stil hinterzogen habe und der Umgang mit Schwarzgeld zu meinem Geschäft gehörte, habe ich dieses Thema sehr sorgfältig in den letzten Jahren beobachtet. Den Fall des Klaus Z. werde ich Ihnen noch einmal kurz vor Augen führen. Wenn sie dieser Fall darüber hinaus interessiert, dann finden sie im Internet unzählige Artikel hierzu. Sie brauchen nur den Namen Klaus und die Begriffe Post und Steuerhinterziehung einzugeben.

Ich persönlich kann bei soviel Gier, moralischer Überheblichkeit, Arroganz und Dummheit nur kotzen. Es gibt aber Menschen, die bekommen den Hals erst voll, wenn sie daran ersticken.

Auf Hintergründe zu diesem und ähnlich gelagerten Fällen bin ich durch Zufall in Griechenland gestoßen.

Die Geschichte nahm für mich ihren Anfang im Jahr 2008. Ich war gerade mal wieder für ein paar Tage in meiner kleinen Wohnung in Griechenland. Ich genoss jeden Tag. Ich schlief aus, fuhr dann in mein Lieblingskafenio in die Innenstadt von Drama und ließ alles ganz ruhig angehen. Ich erledigte aber auch organisatorische Dinge. Beispielsweise kümmerte ich mich um mein Smartphone und meine Telefonanlage. Da ich von Technik nichts verstehe, machte ich das natürlich nicht selbst. Ich hatte einen Computerspezialisten in der Nähe. Er hieß Kyriákos und betrieb ein kleines Ladengeschäft in der Innenstadt von Drama. Natürlich sprach er gut Englisch und natürlich war er mir empfohlen worden. Er war ein Neffe meines griechischen Steuerberaters.

Jedes Mal wenn ich in Griechenland war besuchte ich ihn in seinem Laden. Alles was ich an Elektronik brauchte kaufte ich bei ihm. Privat brauchte ich natürlich selten etwas, aber für meine Firma in Deutschland, kam einiges zusammen. Ich legte Wert auf Qualität und beste Ausstattung. Gerade wenn es um Überwachungs- und Videotechnik ging machte ich keine Kompromisse. Das Babylon, war elektronisch besser überwacht, als das Kanzleramt in Berlin.

Kyriákos war nicht nur ein zuverlässiger und günstiger Lieferant, sondern auch ein außergewöhnlich fachkundiger Spezialist. Ich ließ mich in allen IT-Fragen von ihm beraten und folgte seinen Empfehlungen stets.

Natürlich wickelten wir die meisten Geschäfte ohne Rechnungen und lästigen Papierkram ab. Trotzdem gab es mit ihm in Garantiefragen nie Probleme. Er war nicht nur preiswert, sondern auch äußerst kulant.

Er verkaufte aber keine Hehler Ware. Er konnte seine Produkte so preiswert anbieten, weil er sie bei befreundeten Händlern in der ganzen Welt einkaufte. Er hatte Kontakte nach Hong-Kong und in praktisch alle osteuropäischen Länder. Außerdem kaufte er Leasingrückläufer aus westeuropäischen Ländern in großem Stil auf.

Dadurch konnte er beispielsweise teure Smatphones 25 Prozent unter dem deutschen Verkaufspreis anbieten. Das galt auch für brandneue und äußerst begehrte Produkte. Außerdem hatte er immer alles vorrätig.

Kyriákos Ladengeschäft in Drama war zwar klein, diente aber auch nur als Anlaufstelle und Büro. In einem Gewerbegebiet, kurz hinter der bulgarischen Grenze, besaß er eine große Halle. Dort arbeiteten bestimmt 20 Arbeiterinnen für ihn.

Deren Tätigkeit bestand darin gebrauchte Computer und entsprechendes Zubehör aufzubereiten. Das funktionierte in etwa wie folgt:

Mehrmals täglich, fuhren große LKW auf seinen Hof. Diese LKW waren randvollbepackt mit gebrauchten Laptops, PCs, Druckern, Flachbild-schirmen, Servern und Kleinteilen, wie Kabeln und Mäusen. Das alles kam aus der Schweiz, Deutschland und Österreich. Es waren Bürocomputer, die bereits mehrere Jahre im Einsatz waren und dann, meistens im Rahmen eines Leasinggeschäfts, gegen neue Anlagen ausgetauscht wurden.

Das waren keine hochwertigen Geräte. Sie waren aber zu über 90 Prozent funktionstüchtig. Diese Ware wurde ausgeladen und in der Halle von den bulgarischen Arbeiterinnen geprüft, gereinigt und in neue Kartons verpackt. In diesem Zusammenhang erhielt jedes Gerät zudem ein aktuelles Betriebssystem, sowie ein Office Paket in gewünschter Sprache. Hierbei achtete man mehr auf die Wünsche der Kunden und weniger auf Lizenzbestimmungen. So konnte es vorkommen, dass auf diesen Geräten Software installiert wurde, für die man in Deutschland mehrere tausend Euro bezahlen musste. Kyriákos hatte den Installationsprozess fast vollständig automatisiert. Seine Arbeiterinnen mussten nur eine DVD einlegen. Alles andere wurde von kleinen Patchprogrammen erledigt. Für jede der gewünschten Softwareausstattungen, gab es die entsprechende DVD in der gewünschten Sprache für den Kunden mit in den Karton gelegt.

Als Bonus gab es zu jeder Anlage eine neue Tastatur, mit den landestypischen Schriftzeichen.

Diese Anlagen wurden dann palettenweise verkauft. Meistens kamen die Aufkäufer aus Osteuropa.

Kyriákos gab auf diese Geräte sogar noch eine Garantie und hatte überwiegend Stammkunden. Eine Anlage, bestehend aus einem PC mit Zubehör, sowie Drucker, Monitor und Software kostete weniger als 100 Euro.

Natürlich lief hier wahrscheinlich mehr als die Hälfte der Geschäfte schwarz und natürlich wurde, durch ein kleines Geflecht von Firmen in verschiedenen Ländern, auch mit der Mehrwertsteuer getrickst. Das sind aber nicht die Gründe, warum ich Ihnen diese Geschichte erzähle. Mir geht es vielmehr um die Geräte.

Kyriákos bekam die meisten Lieferungen aus Zürich. Gebracht wurden sie von einem seiner Verwandten, der ein Speditionsunternehmen in Basel besaß. Gekauft wurden die Geräte in Zürich von einer Recyclingfirma, die wiederrum mit einem großen Systemhaus zusammenarbeitete. Die meisten Geräte stammten ursprünglich von Schweizer Großbanken. Dort wurden regelmäßig hunderte von Arbeitsplätzen durch neuere IT-Geräte modernisiert. Die alten Geräte wurden von der Recyclingfirma sehr billig aufgekauft und nach Bulgarien gebracht. Die Geräte waren veraltet und als ehemalige Bürorechner schlecht ausgestattet. Für diese Altgeräte gab es in Westeuropa praktisch keinen Markt. Nur guterhaltene Laptops wurden nach Drama gebracht und dort in dem kleinen Laden verkauft. Ich war gerade bei Kyriákos im Geschäft und trank mit ihm einen Kaffee als wiedermal eine Ladung mit Laptops angeliefert wurde.

Die Laptops wurden in Bulgarien vor der Aufbereitung aussortiert. Aufgearbeitet wurden sie dann in Drama.

Matthias Braunmar:

»Wo kommt das ganze Zeug eigentlich her?«

Kyriákos:

»Meistens aus der Schweiz. Einer, meiner Vetter besitzt eine Recyclingfirma in Zürich. Zu seinen Kunden gehören große IT-Unternehmen. Die meisten Computer stammen von Schweizer Banken und sind drei, vier und manchmal auch fünf Jahre alt. Mit denen kann man zwar nicht spielen, aber für das Internet und Büroarbeiten reichen die vollkommen aus. Ich kaufe am liebsten Computer aus der Schweiz.«

Matthias Braunmar:

»Wieso? Letztlich kommen die doch sowieso alle aus China.«

Kyriákos:

»Ja, das weiß ich. Aber die Computer aus der Schweiz sind trotzdem die beste Ware. Meistens sind sie verhältnismäßig neu. Ganz selten sind sie kaputt. Ich denke mir, dass die einfach schonend behandelt und sogar gepflegt werden. Naja wie die Schweizer eben sind. Zumindest weisen die meisten Computer kaum Gebrauchsspuren auf. Gebrauchte Computer aus Frankreich oder Italien kann ich dagegen überhaupt nicht gebrauchen. Auch die meisten Computer aus Deutschland taugen nicht viel. Da lohnt sich der Transport nach Griechenland nicht. Das ist alles nur Müll. Das Beste ist, man packt die in große Container und verschifft die gleich nach Westafrika.«

Matthias Braunmar:

»Na klasse, da ist natürlich eine umweltgerechte Entsorgung garantiert.«

Kyriákos:

»So ordentlich und sauber die Schweizer auch sind, clever sind die nicht?«

Matthias Braunmar:

»Wieso?«

Kyriákos stand auf und nahm sich einen von den Laptops. Er klappte ihn auf und stellte ihn zu uns auf den Tisch.

Kyriákos:

»Schauen wir uns den einmal an. Ich zeig dir mal etwas.«

Er fing dann an mir eine lange Geschichte zu erzählen. Ich habe einen Teil dieser Unterhaltung bereits wieder vergessen. Außerdem ging es um IT-Technik und davon habe ich einen Teil nicht verstanden. Ich fasse das Gespräch für Sie mit meinen Worten aus der Erinnerung zusammen und konzentriere mich dabei auf das Wesentliche.

Es ging in dieser Geschichte um Kyriákos Cousin Klaus. Dieser Cousin hatte vor einigen Jahren für eine Zeit in Zürich gelebt und dort in der IT-Abteilung einer Großbank gearbeitet. Klaus war kein Informatiker oder

Betriebswirt, sondern einfach nur ein talentierter »Schrauber«. In der Großbank war er daher auch nicht in einer Führungsposition tätig, sondern wenn
es um PCs ging das »Mädchen für alles«. Er war einfacher Mitarbeiter und
zuständig für die kleineren Probleme der Sachbearbeiter im Haus. Er wurde
gerufen, wenn bei einem Drucker der Toner getauscht werden musste. Er
war verantwortlich für interne Umzüge im Haus und richtete in diesen Fällen die IT-Arbeitsplätze neu ein. Seine wichtigste Aufgabe bestand aber
darin die kleinen »Sorgen« der Mitarbeiter im Haus zu beseitigen. Er wurde
gerufen, wenn irgendetwas nicht funktionierte und gab auch gute Ratschlä-
ge und fachliche Tipps. Die meisten Probleme löste er telefonisch oder mit
einem kurzen Besuch. In der Bank schienen alle Mitarbeiter seine Arbeit
und ihn als Person hoch zu schätzen.

So ging es mehrere Jahre. Klaus war auch beteiligt, als die IT-Netzwerke
im Haus neu installiert wurden. Seine Arbeit bestand dabei aus dem sprich-
wörtlichen »Strippenziehen«.

Wenn es nach Klaus und seinen Kollegen gegangen wäre, dann hätte das
auch noch jahrelang so weiter gehen können. Die Betriebsorganisation und
die IT-Revision des Hauses sahen seine Arbeit und die seiner ganzen Abtei-
lung (Anwenderservice) aber ganz anders. Für die jungen und akademisch
gebildeten Spezialisten war Klaus eine Art IT-Hausmeister und damit schon
lange nicht mehr auf der Höhe der Zeit. Gemeinsam mit einem großen IT-
Dienstleister erarbeitete man ein neues Konzept, bezahlte es teuer und ließ
es vom Vorstand absegnen. Das neue Konzept sah vor den gesamten Bereich im Rahmen eines Outsourcing-Projektes dauerhaft an einen Dienstleister zu übergeben. Für Klaus war in diesem Konzept kein Platz mehr.
Zuerst wurde er intern versetzt. Dann wurde er nach nur wenigen Monaten
auf der neuen Stelle mit einer Abfindung versehen auf die Straße gesetzt.
Kurze Zeit später verließ er dann die Schweiz und ging für eine Zeit zurück
nach Griechenland. Seit knapp zwei Jahren lebt er jetzt mit seiner kleinen
Familie in Australien. Dort arbeitet er als LKW-Fahrer und fliegt manchmal
als Pilot kleine Flugzeuge. An die Jahre in der Schweiz erinnerte er sich immer gerne. Soviel Geld wie dort hat er dann auch nie wieder verdient.

Natürlich haderte Klaus sowohl mit seinem alten Arbeitgeber der Bank
als auch mit dem IT-Unternehmen, das im Rahmen des Outsourcings seine
Tätigkeit übernommen hatte. Natürlich ließ er auch an dem Konzept kein
gutes Haar. Ihm war wohl im Nachhinein zu Ohren gekommen, dass die
neue Organisation der IT für die Bank viel teurer wurde als geplant und die
Servicequalität von den Mitarbeitern als sehr schlecht wahrgenommen wurde. Klaus erzählte auch, dass der neue Dienstleister fast ausschließlich mit
freiberuflichen Mitarbeitern arbeitete und dass versucht wurde immer mehr
Aufgaben möglichst kostengünstig auszulagern. Dazu gehörten auch die
Umzüge von IT-Arbeitsplätzen im Haus sowie der Austausch von Geräten.
Die dafür verantwortlichen Dienstleister hatten zwar schriftlich garantiert

mit besonders hohen Standards den Datenschutz zu gewährleisten, standen aber selbst unter immensen Kostendruck. Daher übergaben sie die meisten Altgeräte dem Recyclingunternehmen, ohne die Datenbestände vollständig zu beseitigen. Die Daten auf den Festplatten wurden anfangs noch oberflächlich gelöscht. Nach dem sich die entsprechenden Geschäftsprozesse verstetigt hatten wurde auf das Löschen der Festplatten aus Kostengründen verzichtet. Man sah darin auch keine echte Gefahr. Die Arbeitsplätze waren schließlich so konfiguriert, dass die Datenbänke und Anwendungen auf Servern und nicht auf den Arbeitsplatzrechnern gespeichert waren. Was man aber nicht bedachte war die Tatsache, dass die meisten Mitarbeiter kleine Datenbestände aus Emails und Korrespondenz auf ihren Festplatten sicherten. Gerade die Führungskräfte, die mit tragbaren Geräten arbeiteten taten dieses.

Zur Demonstration tippte Kyriákos ein wenig auf der Tastatur des Laptops herum, schloss dann einen USB-Stick an und zeigte nach wenigen Minuten auf den Bildschirm.

Kyriákos:

»Ein typischer Fall. Hier sind einige Verzeichnisse mit Word-Dokumenten, hier sind die Emails und außerdem gibt es sogar noch einen Ordner mit gescannten Dokumenten. Drei oder vier Mausklicks und alles ist wieder lesbar. Klug ist das nicht.«

Kyriákos erzählte mir noch, dass er und seine Mitarbeiter die Festplatten der Laptops aus Spaß und Langweile durchstöberten und dort auch schon private Nacktfotos und Pornos gefunden hätten. Darüber hinaus hatte er kein Interesse an den Daten. Erpressung gehörte nicht zu seinem Geschäft.

Ich sah mich nach diesem Gespräch in meiner eigenen Meinung über Banken bestätigt und war nicht besonders überrascht. So ähnlich hatte ich mir den Umgang mit Kundendaten auch vorgestellt.

Es war aber nicht nur der Umgang mit Kundendaten, der mich bei Banken störte. Ich gab auch wenig auf das Märchen von der wundersamen Geldvermehrung.

Wie ich mein Geld verdient habe, habe ich Ihnen bereits geschildert. Von meinem Geschäft verstand ich einiges und hier fühlte ich mich sicher, meistens die richtigen geschäftlichen Entscheidungen zu treffen.

Von Geldanlagen hatte und habe ich hingegen keine Ahnung. Die Behauptung, dass man sein Geld für sich arbeiten lassen solle, war mir aber stets suspekt. Wie sollte das überhaupt funktionieren? Auf das Gerede und die Versprechungen der Banker von großartigen Gewinnen gab ich auch nichts. Mir waren der Zinssatz und die Rendite, die ich mit einem Geld erwirtschaften konnte, völlig egal. Ich wäre nie auf die Idee gekommen, verschiedene Anlagemöglichkeiten zu vergleichen. Für mich gab es das Girokonto und das Tagesgeldkonto. Alles andere habe ich nie verstanden und von allem anderen habe ich auch stets die Finger gelassen.

Ich hatte in den achtziger Jahren einige, kleinere Aktiengeschäfte getätigt. Ich wusste damals gar nicht was ich da genau tat. Am Ende stieg ich dann mit einem riesen Verlust aus. Seit dem waren Wertpapiere jeglicher Art für mich tabu.

Mir war es auch immer egal, wenn ich mal ein paar zehntausend Euro oder auch mal über einhunderttausend Euro auf dem Girokonto hatte. Dass ich dafür keine oder nur sehr wenig Zinsen bekam interessierte mich überhaupt nicht.

Das wirklich einzige, was ich bei meiner Geldanlage beachtete, war der Sicherheitsaspekt. Für mich kamen Anlagen stets ausschließlich in Deutschland, bei großen deutschen Banken in Frage. Mein meistes Geld lag bei einer Sparkasse und bei einer Volksbank.

Niemals hätte ich mein Geld in Island, Irland oder Südeuropa angelegt. Warum auch? Für ein paar Zehntel Prozent mehr Rendite? Nein, da bevorzugte ich stets einen guten Schlaf.

Mit meinem Schwarzgeld ging ich natürlich anders vor. Das lagerte ich in Bankschließfächern. Rendite interessierte mich da noch weniger.

Korruption und Nepotismus

Eine allgemein anerkannte Messgröße für Korruption ist der » CORRUPTION PERCEPTIONS INDEX «, der jährlich von der NGO Transparency International für die Staaten der Welt erarbeitet und veröffentlicht wird. Für das Jahr 2012 belegt Dänemark den weltweiten Spitzenplatz, als Staat mit der wenigsten Korruption.

Deutschland schafft es immerhin noch auf Platz 13, hinter Staaten wie Finnland (2), Schweiz (6) oder Norwegen (7). Griechenland belegt gemeinsam mit Kolumbien, Benin, Moldawien und Indien den Platz 94. Von den europäischen Staaten befinden sich nur noch der Kosovo (105), Albanien (113) und Weißrussland (123) auf schlechteren Platzierungen.

Diese, sehr schlechte griechische Platzierung deckt sich mit den von mir gemachten Erfahrungen. Ich habe die tägliche Korruption in Griechenland auf allen Ebenen erlebt und Formen von Vetternwirtschaft kennengelernt, die sie mir kaum glauben werden. Bei meinen Schilderungen habe und werde ich an keiner Stelle übertreiben und dramatisieren. Die Realität war in vielen Fällen sogar noch schlimmer. Ich habe gerade bei den Beschreibungen der alltäglichen Korruption sogar untertrieben.

Es war selbst für mich erstaunlich in welchem Umfang Korruption das tägliche Leben bestimmt. Den Beteiligten, fehlt es hierbei oft gänzlich an Unrechtsbewusstsein. Man kann aber an vielen Beispielen sehen, wie dieses hohe Maß an Korruption der Gesellschaft und dem Land Schaden zufügt.

Korruption ist in Griechenland nicht nur etwas Alltägliches sondern auch etwas ganz Selbstverständliches. Die Korruption ist nicht etwas Willkürliches sondern ein Verfahren, das nach festen Regeln verläuft. Für alles gibt es feste Preise und verbindliche Regeln.

Dabei kann man von den Griechen einiges lernen, wenn es um Korruption und Bestechung geht. Geschichten, wie zum Essen oder zum Oktoberfest einladen gibt es nicht. Bestochen wird auch nicht mit einem gratis Wochenende in einem Hotel auf Sylt. Über die Vorgänge, die sich in Deutschland im Zusammenhang mit dem Rücktritt von Christian ****** abgespielt haben, kann man in Griechenland nur lachen. Soviel Dilettantismus und Kleinkariertheit wäre in Griechenland undenkbar.

Bestochen wird diskret und ohne Spuren zu hinterlassen. Das gültige

Zahlungsmittel für jegliche Form von Korruption und Bestechung ist Geld. Umgangssprachlich bezeichnet man diese Zahlungen als Fakelaki.

Wenn man in Griechenland über Korruption und Nepotismus spricht, dann kommt man an zwei Berufsgruppen nicht vorbei. Ich meine die Politiker und hohen Verwaltungsbeamten auf der einen Seite als Paradebeispiele für Vetternwirtschaft und die Mediziner auf der anderen Seite als Beispiel für die alltägliche Korruption auf Kosten der Menschen.

In der Politik sind es sowohl auf nationaler als auch auf kommunaler Ebene wenige Familien, die die Parteien und die Administration über Jahrzehnte beherrscht haben. Erst ist den letzten Jahren wurden diese Verkrustungen an einigen Stellen aufgebrochen. Es ist aber noch nicht zu erkennen, dass sich dadurch irgendetwas zum Besseren wandelt. Das System bleibt erhalten. Nur die Protagonisten wurden an manchen Positionen ausgetauscht.

In der Medizin sind es die Schmiergelder, die quasi ein fester Bestandteil der medizinischen Versorgung sind.

Zum Thema Korruption und Nepotismus zeige ich Ihnen einige Beispiele, die zweifelsfrei bestätigt sind und über die, die internationale Presse ausführlich berichtet hat. Was die Berufsgruppe der Mediziner betrifft, berichte ich Ihnen von Vorfällen, die ich selbst während meiner Griechenlandaufenthalte erlebt habe.

In Griechenland werden viele Positionen und Stellungen in der Politik, Öffentliche Verwaltung und Wirtschaft quasi vererbt oder zumindest durch Mitglieder aus dem familiären Umfeld besetzt. Ein Fall aus dem Sommer 2012 hierzu, war so offensichtlich und frech, dass er sogar die Öffentlichkeit in Griechenland empörte und einen lauten Widerhall in den sozialen Netzwerken fand. Dieser Fall trägt den Namen des altgedienten Politikers Vyron Polydoras. Als »Alterspräsident« des griechischen Parlaments brauchte er keine 24 Stunden, um eindrucksvoll unter Beweis zu stellen, mit welcher Selbstbedienungsmentalität die politische Klasse in Griechenland sich in der klammen Staatskasse bedient, um die Familie zu versorgen.

König für einen Tag

Korrupte Politiker kotzen mich nur an. Das gilt aber nicht nur für Politiker. Korruption, die es in den unterschiedlichen Bereichen einer Gesellschaft gibt, ist wie eine Seuche. Gerade im direkten Vergleich zu Griechenland, herrschen bei uns in Deutschland im Bezug auf Korruption nahezu paradiesische Zustände. Aus jahrzehntelanger Erfahrung kann ich nur berichten, dass ich in so gut wie keinem Fall in Deutschland Korruption erlebt habe.

Ich kann nur über das berichten, was ich persönlich erlebt habe. Ich habe weder jemals einen Polizisten oder sonstigen Beamten in Deutschland erlebt, der bestechbar war. Ich wäre auch gar nicht erst auf die Idee gekommen es mal zu probieren.

Käuflichkeit gab es da schon eher im alltäglichen Geschäftsleben. Zumindest gilt das für das Milieu. Für Geld drückt man gerne schon mal die Augen zu oder gewährt anderweitige Vorteile.

Da geht es in Griechenland schon ganz anders zur Sache. Korruption und Bestechlichkeit sind in der Politik weit verbreitet. Mein Lieblingsbeispiel ist der Fall Polydoras.

Vyron Polydoras war ein waschechter Hinterbänkler im griechischen Parlament. Aber selbst ein kleines Licht in der Politik kann mal so richtig zulangen.

Polydoras lenkte Griechenlands Geschicke für exakt 24 Stunden. Nach den Parlamentswahlen am 6. Mai 2012 stand er für diesen Zeitraum der griechischen Regierung vor. Diese Funktion hatte jedoch lediglich eine formale Funktion. Man kann sie vergleichen mit der Funktion des Alterspräsidenten im deutschen Bundestag. Polydoras einzige Funktion war es damals die Wiederholung der Wahlen zu verkünden.

Trotzdem nutzte Polydoras die Gunst der Stunde. In seiner 24-Stunden-Funktion veranlasste er als einzige Amtshandlung die unbefristete Einstellung einer seiner Töchter in den griechischen Staatsdienst.

Das alleine ist schon erwähnenswert. Der Grund warum ich Herren Vyron Polydoras in diesem Buch namentlich erwähne ist aber ein anderer. Mir geht es gar nicht um diesen Fall von Vetternwirtschaft. Schließlich ist es nur ein Fall von vielen.

Was mich persönlich so verärgerte war Polydoras Verhalten nach diesen besagten 24 Stunden. Es verhielt sich nämlich so, dass dieser Fall ein unerwartetes Presseecho verursachte. Auch im Internet entwickelte sich ein lautstarker Protest.

Polydoras reagierte daraufhin öffentlich mit Unverständnis. Er konnte gar nicht verstehen, warum die Einstellung seiner Tochter in den Medien kritisiert wurde. Immerhin wähnte er das Gesetz und sogar die Verfassung auf seiner Seite. Dieser Mangel an Einsicht, Selbstkritik und fehlendem Unrechtsbewusstseins ist der eigentliche Skandal.

Der fliegende Doktor

Wenn die politische Klasse und die öffentliche Verwaltung von Korruption und Nepotismus durchsetzt sind, dann scheint es manchmal einfach nötig ein Exempel zu statuieren. Dabei geht es nicht vorrangig darum an den Zuständen etwas zu verändern oder abzuschrecken. Es geht vielmehr darum, der Öffentlichkeit Entschlussfähigkeit und Tatkraft zu demonstrieren. Das kann dann im Einzelfall auch zu spektakulären und drakonischen Strafen führen.

Gerade weil die internationale Öffentlichkeit von der griechischen Justiz Entschlusskraft erwartet und es in der einheimischen Bevölkerung schon lange brodelt, wird neuerdings auch mal hart durchgegriffen. Zu spüren bekam das der ehemalige Bürgermeister von Thessaloniki. Wegen der Beteiligung an systematischer Veruntreuung wurde er am 27. Februar 2013 zu einer lebenslangen Haftstrafe verurteilt. Es ging in diesem Verfahren um Unterschlagungen von Steuereinnahmen und Rentenbeiträgen in Höhe von 18 Millionen Euro durch eine Gruppe von Mitarbeitern der Stadtverwaltung. Einige dieser Mitarbeiter erhielten ebenfalls hohe Haftstrafen. Papageorgopoulos Vertrauter, auf dessen Aussage sich die Staatsanwaltschaft hauptsächlich stützte, erhielt ebenfalls eine lebenslange Haftstrafe.

Wie immer in derartigen Verfahren fiel es der Staatsanwaltschaft schwer die Taten wasserdicht zu beweisen. Und wie immer bei derartigen Taten fühlte sich der angeklagte Bürgermeister zu unrecht beschuldigt und war sich keines Fehlverhaltens bewusst.

Während des Verfahrens meldete sich der Beschuldigte immer wieder zu Wort. Dabei ging er weniger auf die Taten ein, als vielmehr auf die Begleitumstände des Verfahrens. Prozessbegleiter hatten den Eindruck, dass der ehemalige Bürgermeister gar nicht verstand, warum man ihm den Prozess machte.

Irgendwie meinte er, dass seine Lebensleistung dieses doch verböte. Zumindest müsse jedoch seine Lebensleistung zu einer spürbar milderen Strafe führen.

Herr Papageorgopoulos sah sich selbst als einen Ehrenmann, dessen Handeln stets unerschütterlichen Prinzipien und Werten folgte. Er selbst habe mit Stolz die griechische Fahne in der ganzen Welt umhergetragen und dem Staat demütig gedient. Außerdem hätte das Gericht berücksichtigen müssen, dass er ein knappes duzend Mal vom Volk demokratisch in die höchsten Ämter gewählt wurde.

Tatsächlich war Papageorgopoulos von 1999 bis 2010 ein durchaus respektierter Bürgermeister der zweitgrößten griechischen Stadt. Außerdem soll er von dem unterschlagenen Geld auch nicht direkt profitiert haben. Vielmehr sei das Geld seiner Partei zugeflossen.

Obwohl ich selbst wenig Mitleid mit empfinde, waren die Begleitumstände tatsächlich suspekt. So lagen die Vorwürfe zum Teil schon Jahrzehnte zurück. Außerdem blieb der Umfang seiner tatsächlichen Beteiligung unklar und nicht zweifelsfrei bewiesen. Es drängt sich geradezu der Verdacht auf, dass dieser Prozess zu einem Teil politisch motiviert war.

Der Staat wollte im Kampf gegen die Korruption Stärke und Härte demonstrieren und Vasilis Papageorgopoulos war das Bauernopfer.

Das alles hatte schon etwas von einem Schauprozess.

Zu seinem Spitznamen »der fliegende Doktor« kam Papageorgopoulos übrigens wegen seines ursprünglichen Berufes und seiner athletischen Fähigkeiten. Papageorgopoulos war Zahnarzt und Sprinter, der es bis in die griechische Nationalmannschaft gebracht hatte.

Große Sorgen sollte man sich jedoch nicht um diese untadlige Persönlichkeit machen. Es gibt natürlich ein Berufungsverfahren und so wie ich die Situation in Griechenland einschätze kommt es dann zu einem deutlich milderen Urteil.

Vielleicht ist er schon bald wieder auf freiem Fuß und kann seinen Lebensabend wohlhabend unter der griechischen Sonne genießen.

Die Papandreou Dynastien

Schaut man sich die Lebensläufe der Familienmitglieder der Papandreou Dynastie an, dann sieht man sich in der Annahme bestätigt, dass Ämter in Griechenland oft scheinbar vererbbar sind. Ich hatte diesen Eindruck in Griechenland selbst auch gewonnen. Viele meiner griechischen Freunde haben mir das auch bestätigt. Dieses Prinzip scheint die gesamte Verwaltung und auch die Wirtschaft durchdrungen zu haben. In dem Fall von Giorgos Andrea Papandreou sieht es wie folgt aus:

Giorgos Andrea Papandreou war griechischer Ministerpräsident vom 4. Oktober 2009 bis zum 7. September 2010. Davor war er von 1999 bis 2009 griechischer Außenminister.

Der Vater von Giorgos Andrea Papandreou, Andreas Georgiou Papandreou war vom 21. Oktober 1981 bis zum 2. Juli 1989 und vom 13. Oktober 1993 bis zum 22. Januar 1996 Ministerpräsident von Griechenland.

Georgios Papandreou, der Großvater von Giorgos Andrea Papandreou war Ministerpräsident von Griechenland von 1944 bis 1945 und 1964 bis 1965.

Ich habe die Verflechtungen der Familie mit Staat und Politik in diesem Fall nur ansatzweise dargestellt.

Damit ist die Familie Papandreou aber in der griechischen Politik kein Einzelfall. Außerdem habe ich nur die oberste Schicht der Verflechtungen dargestellt. Es gibt auch noch Brüder, Schwestern, Onkel und Neffen in der Familie, die ebenfalls höchste Ämter bekleiden.

Arm und ehrlich scheint dieser Clan auch nicht zu sein. In die Schlagzeilen geriet die Familie im Dezember 2012. Es wurde berichtet, dass die Mutter von Giorgos Papandreou allein auf ihrem Konto in der Schweiz ein Geldvermögen von 450.000.000 Euro haben soll. Dieses Geldvermögen stellt aber nur einen Bruchteil des gesamten Vermögens dar. Berichtet wurde auch nur über dieses Konto, weil es bei der Versteuerung des Geldes in Griechenland Probleme gegeben habe.

Wenn es um ihr eigenes Geld geht, dann scheint die Familie Papandreou dem Staat nicht zu vertrauen, den sie über Jahrzehnte regiert haben.

Die Angst vor dem Grexit

»Ein Gespenst geht um in Europa – das Gespenst des Grexit.«
Frei nach Karl Marx

Als Karl Marx dieses geflügelte Wort 1848 verfasste, meinte er natürlich den Kommunismus und nicht den Ausstieg Griechenlands aus der Eurozone. Richtig lautet das Zitat dann auch: »Ein Gespenst geht um in Europa – das Gespenst des Kommunismus.«

Nun hat Europa den Kommunismus zwischenzeitlich überlebt und ich bin mir auch sicher, dass Europa einen Austritt Griechenlands aus der Eurozone überleben wird. Dabei mache ich mir übrigens um Deutschland die wenigsten Sorgen. Aber selbst Griechenland wird den Ausstieg gut überstehen. So weit ich es überblicken kann, bereitet sich die griechische Bevölkerung bereits auf diesen Ausstieg vor. Zumindest ist das mein persönlicher Eindruck, den ich in vielen Gesprächen mit griechischen Freunden gewonnen habe.

Ich bin übrigens fest davon überzeugt, dass es die Griechen sein werden, die einen Austritt aus der Eurozone faktisch erzwingen werden. Ich bin dann auch überzeugt, dass es nicht bei einem Austritt Griechenlands bleiben wird. Portugal und Zypern könnten dann die nächsten Kandidaten werden.

Mit dem Euro in Griechenland wäre bereits jetzt Schluss, wenn die griechische Bevölkerung über einen »geordneten Ausstieg« aus der Eurozone per Volksentscheid abstimmen könnte. Für diesen Fall gehe ich von einer überwältigenden Mehrheit in Griechenland gegen den Euro aus. In Griechenland ist mittlerweile jeder fest davon überzeugt, dass eine vollständige Rückzahlung der Staatsschulden auch in ferner Zukunft nicht möglich sein wird.

Außerdem weiß jeder, dass die sogenannten »Sparpakete« der diversen griechischen Regierungen Einsparungen nur auf dem Papier vorsehen. Es ist schon heute nur noch eine Frage der Zeit bis dieses offenkundig und nicht mehr zu verschleiern ist.

In Griechenland kann man nur noch Wahlen gewinnen, wenn man sich offen gegen die Sparpolitik und vor allem gegen die Rolle Deutschlands in der Eurozone stellt. Es ist also nur noch eine Frage der Zeit bis es keine parlamentarische Mehrheit für die jetzige Wirtschaftspolitik mehr gibt. In jedem Fall wird es das griechische Volk sein, das die Rolle Griechenlands in der Eurozone neu bestimmen wird. Damit wird dann aber auch die gesamte Konstruktion des Euros hinfällig. Eine Eurozone in der jetzigen Form mit Griechenland als einem Vollmitglied wird es schon in wenigen Jahren nicht mehr geben.

Es gibt mehrere Varianten, einer Auflösung oder Restrukturierung der Eurozone. In diesem Kapitel befasse ich mich mit der Variante des Austrittes Griechenlands aus der Eurozone.

Schon jetzt (April 2013) weisen viele Indikatoren daraufhin, dass ein Austritt Griechenlands längst nicht mehr undenkbar ist. Vielleicht befindet er sich sogar schon in der Planung. In jedem Fall aber geht ein großer Teil der griechischen Bevölkerung sicher davon aus. Zusammenfassend kann man die Indikatoren wie folgt darstellen:

1. Wirtschaftliche Verfassung

Die wirtschaftliche Situation in Griechenland befindet sich seit Jahren in einem katastrophalen Zustand. Die Wirtschaft schrumpft von Jahr zu Jahr. Durch die schrumpfende Wirtschaft erreicht die Arbeitslosigkeit Rekordniveau. Besonders dramatisch ist die Arbeitslosigkeit unter jungen Menschen.

Offiziell betrug die Arbeitslosigkeit unter jungen Menschen im Februar 2013 kumuliert 62 Prozent. Tatsächlich dürfte sie aber sogar noch höher sein. Junge Menschen verlassen Griechenland scharenweise oder richten sich in Griechenland mit Erwerbslosigkeit und Schwarzarbeit ein. Das wirkt sich in der Folge direkt auf die Fiskalpolitik aus, weil trotz Steuererhöhungen die Einnahmen wegbrechen.

Durch den faktischen Zusammenbruch der griechischen Wirtschaft gehen die Steuereinnahmen weiter zurück. Alle Sparmaßnahmen der griechischen Regierung können diese Entwicklung nicht verhindern. Das Gegenteil ist sogar der Fall. Durch die Sparpakete wird die Wirtschaftsleistung weiter reduziert. Wie in einer Abwärtsspirale sinken dann die Steuereinnahmen trotz Steuererhöhungen. Eine Umkehrung dieses Trends ist nicht in Sicht und erscheint mir auch nicht wahrscheinlich. Vielmehr muss bei einem Verbleib Griechenlands in der Eurozone mit weiter schrumpfender Wirtschaftskraft und steigender Staatsverschuldung gerechnet werden. Lösungsansätze ergeben sich überhaupt nur, wenn Griechenland wieder über eine eigene Währung verfügen wird.

2. Politische Verfassung

Über Jahrzehnte wurde Griechenland abwechselnd von zwei großen Parteien regiert. Sowohl die „Pa.So.K" als auch „Nea Dimokratia" waren europafreundlich und in den letzten Jahren bereit sich den Vorschriften und Auflagen der Troika zu beugen. Zumindest offiziell und auf dem Papier gab man sich Mühe die Politik entsprechend auszurichten.

Diese Zeiten sind längst vorbei. In der Bevölkerung gibt es keine Mehrheit mehr für die Wirtschaftspolitik der derzeitigen Regierung. Die letzten

Wahlen haben dazu geführt, dass es kaum noch möglich war eine stabile Regierung zu bilden, die bereit war die Sparpolitik konsequent weiterzuführen. „Pa.So.K" und „Nea Dimokratia" verfügen zusammen über keine parlamentarische Mehrheit mehr. Selbst innerhalb dieser beiden Parteien schrumpft die Akzeptanz der derzeitigen Wirtschaftspolitik. Die Rufe die Sparauflagen mit der EU neu zu verhandeln werden lauter. Parallel hierzu wächst der Einfluss radikaler und euroskeptischer Parteien. So weit die jetzige Regierung die Legislaturperiode überhaupt durchhalten sollte, gehe ich davon aus, dass spätestens bei den nächsten Wahlen eine Mehrheit für die jetzige Sparpolitik nicht mehr zu Stande kommt.

Noch eindeutiger wäre das Ergebnis, wenn man eine Volksabstimmung zur momentanen Wirtschaftspolitik durchführen würde. Die griechische Bevölkerung lehnt sowohl die Wirtschaftspolitik als auch die Auflagen der Troika mehrheitlich ab.

Wahlen drehen sich in Griechenland eigentlich nur noch um die Ausrichtung der Wirtschaftspolitik. Ich gehe fest davon aus, dass bei Neuwahlen das Thema Wirtschaftspolitik Wahl entscheidend sein wird.

3. Öffentliche Verschuldung

Auf dem Papier unternimmt die griechische Regierung zahlreiche Maßnahmen, um die Finanzlage des Staates zu stabilisieren. In der Praxis tritt aber das gewünschte Ergebnis nicht ein. Die Zahlen belegen, dass die Staatsverschuldung weiter steigt. Im Moment erscheint sogar die Rückführung der Neuverschuldung unter das drei Prozent Maastricht-Kriterium mittelfristig kaum möglich zu sein. An einen Abbau der Verschuldung ist überhaupt nicht zu denken. Die wirtschaftlichen Interdependenzen zwischen der griechischen Finanzpolitik und der Entwicklung der Volkswirtschaft, habe ich bereits aufgeführt. Ohne Keynesianer zu sein erscheint es mir völlig ausgeschlossen Wirtschaftswachstum unter diesen Umständen zu generieren. Dabei gelingt es der griechischen Regierung noch nicht einmal die völkerrechtlich vereinbarten Maßnahmen und Ziele zu erreichen. Griechenland erfüllt faktisch die Auflagen der Troika schon lange nicht mehr.

Als besonders gefährlich erachte ich, den Abbau der griechischen Verwaltung. Es ist zwar so, dass die griechische Verwaltung ineffizient und viel zu groß ist, ob aber willkürliche Personalreduzierungen zu einer Verbesserung führen erscheint mir unwahrscheinlich.

Gerade die Finanzverwaltung bräuchte Investitionen in moderne Technik, sowie personelles Aufrüsten an der Steuerfront. Das Gegenteil ist aber der Fall. Gerade in der Finanzverwaltung wird weiter ausgedünnt. Die Maßnahmen gegen Steuerbetrug sind längst nur noch sporadisch und willkürlich.

Die Drachme kann kommen

Realistischer Weise sollten wir davon ausgehen, dass die griechische Bevölkerung in absehbarer Zeit nein zu der Bevormundung durch die Troika sagen wird. Für mich ist das nur noch eine Frage der Zeit. Die griechische Bevölkerung hat bereits alle entsprechenden Maßnahmen eingeleitet. Die in Zypern durchgeführten Maßnahmen zur Beschränkung des Kapitalverkehrs wirkten in Griechenland wie eine letzte Warnung. Schon vorher flossen monatlich mehr als 20 Milliarden Euro private Einlagen von griechischen Banken ab. Nicht nur die Superreichen fingen schon vor 2012 an ihr Geld in Sicherheit zu bringen.

Die griechische Bevölkerung schaffte ihr Vermögen bereits in erheblichem Umfang ins Ausland oder hortet es als Bargeld. Jeder möchte soviel Euros wie möglich haben, wenn die Drachme zurückkommt.

Um welche Summen es sich genau handelt, ist statistisch nicht seriös erfassbar. Sicher ist aber, dass ein Austritt Griechenlands aus der Eurozone keinen Griechen überraschen würde. Der überwältigende Teil der Bevölkerung ist vorbereitet.

Trotzdem ist uns in Deutschland zu diesem Thema offiziell ein Denk- und Redeverbot verordnet worden. Zumindest kann man diesen Eindruck gewinnen, soweit es unsere Politiker betrifft.

Die Bevölkerung wird dementsprechend auch nicht informiert. Stattdessen wird eine diffuse Angst verbreitet. Das klingt dann ungefähr so:

»Die Folgen eines Austritts Griechenlands sind gar nicht überschaubar und können zu einer Wirtschaftskrise führen.« oder »Ein Austritt Griechenlands aus der Eurozone ist aus rechtlichen Gründen nicht möglich.«

Das klingt alles sehr bekannt. Es klingt mal wieder nach systemrelevant und alternativlos. Ist das aber wirklich so? Ich selbst gehe fest davon aus, dass Griechenland die Eurozone in absehbarer Zeit verlassen wird. Ich selbst habe davor überhaupt keine Angst. Ich denke auch, es wird nicht bei Griechenland als Ausstiegskandidat bleiben. Ich sehe für den Euro überhaupt nur eine Zukunft, wenn er zu einer Währung von Staaten wird, deren Wirtschaftskraft sich auf annährend gleichem Niveau bewegt. Für Staaten mit wesentlich schwächer entwickelten Volkswirtschaften sehe ich im Euroraum überhaupt keine Zukunft.

Ich gehe auch davon aus, dass eine Transferunion, zu der die Eurozone bereits geworden ist, politisch in den Geberländern dauerhaft nicht durchsetzbar sein wird.

Führt ein Grexit zur Rezession?

»Ein Austritt würde in Griechenland dazu führen, dass die griechische Wirtschaft zusammenbricht. In der Folge würden auch die übrigen Staaten der EU in den Abwärtsstrudel gerissen. Ein Großteil der Forderungen gegen griechische Unternehmen müsste abgeschrieben werden, weil die Unternehmen in die Pleite gehen würden. Selbst gesunde griechische Unternehmen wären mit einem schwachen Drachmen nicht in der Lage ihre Euro-Altschulden zu begleichen.«

So oder so ähnlich lautet die offizielle deutsche Beurteilung zu einem Ausstieg Griechenlands aus der Eurozone. Trifft diese Beurteilung zu?

Die griechische Wirtschaft liegt bereits am Boden und steckt mitten in einer jahrelangen Rezession. Teile der griechischen Wirtschaft sind schon gar nicht mehr existent. So hat beispielsweise die griechische Exportwirtschaft das Euroexperiment weitestgehend nicht überlebt. Auch das für den griechischen Markt produzierende Gewerbe wurde in den letzten Jahren zu einem großen Teil nach Bulgarien verlagert. Von Bedeutung ist auch der Teil der Wirtschaft, der zusätzlich in die Schattenwirtschaft abgeglitten ist. Insgesamt hat die griechische Wirtschaft durch den Euro international an Wettbewerbsfähigkeit stark verloren. Die Investitionstätigkeit geht schon seit Jahren permanent zurück.

Negative Konsequenzen für die anderen Länder der EU sind kaum noch zu befürchten. Schon jetzt spielt der griechische Markt kaum noch eine Rolle. Die wirtschaftlichen Indikatoren sprechen eine ganz eindeutige Sprache.

Eine Ausnahmestellung in der griechischen Volkswirtschaft besitzt die Tourismusbranche. Sie ist nach wie vor international konkurrenzfähig und besitzt enormes Wachstumspotential. Sowohl der Euro als auch die Eurokrise haben der Tourismuswirtschaft in der Summe mehr geschadet als genutzt. Mit dem Ende des Euros in Griechenland wird ein Touristikboom entstehen. Gegenüber seinen Konkurrenten rund um das Mittelmeer wird Griechenland an Wettbewerbsfähigkeit stark gewinnen.

The Bad Bank

Ein wichtiges Element eines geordneten Ausstiegs Griechenlands aus der Eurozone ist die Frage der griechischen Altschulden. Für diese Schulden in dreistelligem Milliardenumfang haften zum größten Teil die Eurogeberländer und hier vor allem Deutschland.

Es war jedem Sachverständigen von Begin der griechischen Schulendkrise an klar, dass es niemals zu einer vollständigen Rückzahlung dieser Schulden kommen wird. Insofern ändert sich die Lage durch den Grexit nicht grundlegend. Im Zusammenhang mit dem Grexit kommt es jedoch zu einer »Stunde der Wahrheit«. Wie wird also weiter verfahren werden, mit Zahlungsansprüchen gegen den griechischen Staat, die schon längst substanzlos sind und nur noch auf dem Papier existieren? Es würde klar werden, dass die bisherigen »Rettungsmaßnahmen der griechischen Wirtschaft nicht genutzt haben. Vielmehr haben wir mit den vielen Milliarden Euro nur Zeit gegenüber Griechenlands Gläubigern gekauft. Diese Zeit wäre mit dem Grexit abgelaufen!

Ich gehe nicht davon aus, dass Geberländer wie Deutschland und Frankreich zweistellige Milliardenbeträge überweisen werden, um die griechischen Schulden zu tilgen. Derartige Zahlungen wären beispielsweise in Frankreich politisch nicht durchsetzbar.

Andererseits würde die bestehende Schuldenlast den griechischen Staat mittelfristig vollständig erdrücken und ihm jede Möglichkeit nehmen sich wieder positiv zu entwickeln.

Ich gehe davon aus, dass es zu einer Art »Bad Bank« für Griechenland kommen wird. Ich gehe auch davon aus, dass die EZB bereits an einem entsprechenden Konzept arbeitet.

Vor einer »Bad Bank« sollten wir aber keine »Angst« haben. Schon jetzt fungiert die EZB faktisch als »bad dept bank« für die Staaten Südeuropas.

Tag I ohne Euro

Stellen Sie sich vor, Sie wachen morgens auf und der Euro ist nicht mehr offizielles Zahlungsmittel. Was passiert dann? Schenkt man den meisten Politikern und einem Teil der veröffentlichten Meinung Glauben, dann stürzt uns die »Abschaffung« des Euros in eine lange und tiefe Krise. Stimmt das wirklich?

Schauen wir uns die europäischen Staaten an, die sich nicht an dem Himmelfahrtskommando »Euro« beteiligt haben. Betrachten wir die Schweiz, Dänemark und Schweden.

Auch wenn es auf den ersten Blick nicht so erscheint, sind diese drei Staaten wirtschaftlich mit Deutschland durchaus vergleichbar. Die Volkswirtschaften dieser drei Staaten befinden sich im annährend gleichen Entwicklungsstadium wie die deutsche Volkswirtschaft. Vergleichbar sind diese Staaten aber insbesondere im Außenhandel.

Wie Deutschland treten diese Staaten auf den Weltmärkten als wettbewerbsstarke Exporteure von Industrieprodukten auf. Weiterhin spielt für diese Staaten der gesamte Außenhandel eine wichtige Rolle in der volkswirtschaftlichen Gesamtrechnung.

So betrachtet wäre Deutschland in einer Währungsgruppe mit diesen Staaten besser aufgehoben, als in einer Währungsgruppe mit Staaten wie Griechenland, Portugal oder Spanien.

Für die Schweiz besteht das Problem einer »harten« Währung im besonderen Maße. Der schweizer Franken hat sich nach der Abschaffung der D-Markt zu einer weltweit noch beliebteren Reservewährung entwickelt. Die Nachfrage nach dem schweizer Franken ist so gewaltig, dass die schweizer Zentralbank in regelmäßigen Abständen interveniert. Außerdem erlaubt der schweizer Franken es der öffentlichen Hand in der Schweiz sich praktisch zum Nulltarif zu refinanzieren. Zinsen werden in der Schweiz auf Anlagekonten praktisch nicht mehr bezahlt.

Es ist der Schweiz sogar gelungen den Umfang der öffentlichen Verschuldung in den letzten Jahren spürbar zu senken. Betrug die Staatsverschuldung im Jahr 2004 noch zirka 70 Prozent des BIP, so betrug sie 2012 nur noch zirka 47 Prozent des BIP.

Weltweit zählt die Schweiz mit seiner Währung zu einem sicheren Hafen für Vermögen. Daran wird sich auch nichts ändern, wenn die Schweiz ihr ohnehin löchriges Bankgeheimnis vollständig abschafft.

Für die Exportwirtschaft ist ein starker Franken nicht gerade eine Erleichterung. Trotzdem boomt der Export seit Jahren. Schweizer Unternehmen verstehen es durch höchste Verarbeitungsqualität und durchdachte Markenpflege ihre weltweiten Positionen zu behaupten.

Das alles hat dazu geführt, dass die Schweiz über eine der leistungsfähigsten Volkswirtschaften der Welt verfügt. Alle entsprechenden Kenngrößen bestätigen diese Aussage. In der Schweiz herrschen Vollbeschäftigung und Preisstabilität. Der Außenhandel weißt eine gesunde Struktur auf. Trotz des »teuren« Franken ist die Schweiz eine Touristendestination von Weltklasse. Weiterhin wächst die schweizer Wirtschaft kontinuierlich auf hohem Niveau und die öffentlichen Finanzen befinden sich in einer ausgewogenen Balance.

Auch die schweizer Verbraucher leiden nicht unter dem »teuren« Franken. Gerade der Urlaub und die Einkäufe im Ausland haben sich für Schweizer erheblich verbilligt. Rund um den Globus sichert der Franken den Schweizern günstige Investitionsmöglichkeiten und billigen Konsum.

Dänemark und Schweden befinden sich in einer vergleichbaren Situation. Auch hier ist von einem wirtschaftlichen Niedergang nichts zu spüren. Auch die Exportwirtschaft dieser Staaten scheint nicht zu leiden. Die volkswirtschaftlichen Kenngrößen sind zum Teil deutlich besser als die der meisten Euro-Volkswirtschaften.

Ich denke nicht, dass nach dem Ende einer Gemeinschaftswährung der wirtschaftliche Niedergang beginnt. Ich gehe davon aus, dass Bundesregierung und Notenbank unsere Wirtschaft so steuern können, dass das Gegenteil der Fall sein wird. Dazu sollten die klassischen Instrumente der Währungspolitik ausreichen.

Eines ist aber sicher: Mit der D-Mark werden die Lebenshaltungskosten in Deutschland wieder sinken. Außerdem wird es dem deutschen Staat dann viel einfacher möglich sein, sich noch günstiger langfristig zu refinanzieren und sein Defizit abzubauen.

Das Wirtschaftswunder

Was würde aus Griechenland ohne den Euro werden? Ich gehe fest davon aus, dass unmittelbar nach dem Ende des Euros als offizielles Zahlungsmittel in Griechenland ein lang anhaltender Wirtschaftsaufschwung einsetzen wird. Mit einer Währung, die im Außenverhältnis die volkswirtschaftliche Entwicklung realistisch abbildet wird nicht nur die Tourismuswirtschaft grundlegend gestärkt. Insbesondere der griechische Mittelstand hätte eine Chance seine Wettbewerbsfähigkeit zurückzugewinnen. Die Arbeitslosigkeit wird schnell, spürbar und dauerhaft sinken.

Natürlich wird Griechenland auch in Zukunft Empfänger von Zahlungen aus der Europäischen Union bleiben. Anders als jetzt müsste sich Griechenland aber nicht mehr dem Diktat der Troika beugen, sondern könnte seine Wirtschaftspolitik wieder nach den Interessen der Bevölkerung ausrichten.

Das alles wird auch dazu führen, dass die Skepsis der Bevölkerung in Deutschland und Griechenland gegenüber der Europäischen Union wieder zurückgeht.

Impressum

Für Fragen und Anregungen:
Der Autor freut sich mit Ihnen über dieses Buch diskutieren zu können.
Schreiben Sie uns Ihre Meinung. Benutzen Sie hierzu die Funktion „Kommentar" des Blogs.

Wir reichen alle Anfragen an den Autor weiter.
www.braunmar.blogspot.com

Wir aktualisieren diesen Blog laufend.

Verlag: Euklido Life Sciences GmbH
1. Auflage 2013
Copyright by Euklido Life Sciences GmbH
Postanschrift:
Euklido Life SciencesGmbH
D-13125 Berlin Am Hohen Feld 98

Email: info@euklido.de

www.ingramcontent.com/pod-product-compliance
Lightning Source LLC
Chambersburg PA
CBHW051320170526
45166CB00002B/619